iCourse · 教材

教师教育国家级精品资源共享课配套教材

职业生涯规划

（第2版）

主　编　董鹏中

副主编　王　蕊　董　娅

中国教育出版传媒集团

高等教育出版社 · 北京

内容提要

本书是教师教育国家级精品资源共享课“职业生涯规划”的配套教材。全书包括职业生涯规划概述、职业生涯规划的基本理论、自我认知、职业认知、社会环境认知、职业生涯决策、职业生涯规划的反馈与调整、职业生涯的管理与发展、职业生涯辅导等九章内容。此外，书中的数字化资源以微课的形式与文本一一对应，学习者通过扫描二维码即可获取。

本书可作为高等教育、职业教育、继续教育职业生涯规划课程教材。

图书在版编目（CIP）数据

职业生涯规划 / 董鹏中主编. -- 2 版. -- 北京 ：高等教育出版社，2025. 8. -- ISBN 978-7-04-062717-6

Ⅰ. G647.38

中国国家版本馆 CIP 数据核字第 2024K0X993 号

Zhiye Shengya Guihua

策划编辑　付　聪　　责任编辑　韩奕帆　　封面设计　张　楠　　版式设计　童　丹
责任绘图　于　博　　责任校对　胡美萍　　责任印制　高　峰

出版发行	高等教育出版社	网　　址	http://www.hep.edu.cn
社　　址	北京市西城区德外大街4号		http://www.hep.com.cn
邮政编码	100120	网上订购	http://www.hepmall.com.cn
印　　刷	北京新华印刷有限公司		http://www.hepmall.com
开　　本	787mm×1092mm　1/16		http://www.hepmall.cn
印　　张	10.75	版　　次	2017年5月第1版
字　　数	230千字		2025年8月第2版
购书热线	010-58581118	印　　次	2025年8月第1次印刷
咨询电话	400-810-0598	定　　价	33.00元

物 料 号　62717-00

前言

面对激烈的社会竞争，个人职业生涯规划的重要性日益凸显。职业生涯规划已经成为大学生未来就业、创业的重要利器，也是毕业生在职业岗位施展才华的关键因素。党的二十大报告指出，“未来五年是全面建设社会主义现代化国家开局起步的关键时期，主要目标任务是：经济高质量发展取得新突破，科技自立自强能力显著提升，构建新发展格局和建设现代化经济体系取得重大进展”。在全面建成社会主义现代化强国的时代，正确的职业生涯规划将是每一位大学生在社会中发展自我的动力。

本书是教师教育国家级精品资源共享课“职业生涯规划”的配套教材。“职业生涯规划”课程从2013年初申报立项到2015年末终期验收，历时三年。根据课程建设需要，团队成员除了高校教师，还吸收了省级就业指导机构的管理者、企业人力资源管理师以及职业院校一线教师。该课程以学习者为中心，适合在线学习。课程定位符合教师教育课程改革和课程建设要求，关注实践教学，科学设计教学环节，教学方法多样，课程评价规范合理，具有很强的针对性和适用性。

本书最大的特点就是不局限于狭义的职业生涯的简单规划，而是站在大学生的角度，系统、全面地阐述了职业生涯规划各个方面的要领。本书以职业生涯规划理论为基础，结合时代发展和当代大学生的特点，全方位、多角度地介绍了职业生涯规划的基本知识和方法，围绕自我认知、职业认知、社会环境认知、职业生涯决策、职业生涯规划的反馈与调整、职业生涯的管理与发展、职业生涯辅导等内容，在个人的职业生涯规划实践方面提供了有效的方法和指导。

在课程建设过程中，项目组成功探索出“六动”教学法，即课前任务驱动，授课过程注重兴趣牵动，通过知识点、技能点的链接进行教学传动，结合启发式、探究式、讨论式、参与式教学进行反思带动，课后进行作业联动，增加实践环节进行实践拉动。“六动”教学法充分体现在本书的谋篇布局中，全书设有课堂讨论、案例讲解、理解·反思·探究、生涯启航等栏目。本书力求结构完整，知识点、技能点配置合理，各类数字资源与知识点、技能点清晰对应，方便读者查阅。

本书系统总结了职业生涯规划的理论知识与实践技能，突出教学做合一，强调在做中学，全书匹配教师教育国家级精品资源共享课教学录像和大量数字资源，具有实践性、操作性和灵活性等特点。由于职业生涯规划课程是面向全体大学生的通识课，因此，本书在编写中强调通识性。本书内容新颖、涉及面广、信息量大、案例丰富、生动实用，适合各类高等学校和职业院校的在校生学习使用，也适合从事高校就业指导和创新创业教育工作的教师使用，还可供广大中青年职场人士进行职业生涯规划时参考。同时，因本书对应的教师教育国家级精品资源共享课“职业生涯规划”也面向中职教师，所以书中保留了课程中职业教育的案例。

我们一直希望本书既是一本教材，又是一本体验练习的学材。书中不仅介绍了相关领域的知识，更强调学习者的互动和参与，将理论知识和研究成果与其在职业生涯中的运用有机结合起来。每章在介绍相关理论和研究成果之后，都会有“理解·反思·探究”栏目帮助学习者完成自我评估测验，在自我了解的基础上，各章还辅以课堂讨论、案例讲解和生涯启航等栏目。因此，本书正如一面镜子，不同的学习者都会获得一个审视自我的机会，由此按图索骥，获得有针对性的解决方案，从而达到获取知识与提升个人能力的双重目的。

本书由吉林工程技术师范学院的教师教育国家级精品资源共享课“职业生涯规划”项目组成员共同编写。其中，董鹏中负责审定大纲、设计体系、安排结构和修改定稿工作。各章编写分工如下：董娅编写第一章至第四章，王蕊编写第五章至第八章，董鹏中编写第九章。

编者在写作过程中借鉴了国内外大量专著、教材和论文成果，在此一并表示感谢。

由于编者水平有限，书中难免有所疏漏，真诚期待广大读者不吝赐教。

董鹏中

2025年6月

目录

第一章 职业生涯规划概述

本章详细介绍了与职业生涯规划相关的概念，描述了国内外职业生涯规划的发展现状，强调了学习职业生涯规划的必要性，以启发、激励学生学好“职业生涯规划”这门课程，为今后取得职业成功打好基础、做好准备。

第一节 职业生涯规划的内涵

视频 职业生涯规划概述

为了更好地理解职业生涯规划的概念，我们有必要先了解职业、职业生涯、职业理想等概念。

案例讲解 两兄弟爬楼梯

一、职位、工作与职业

（一）职位

职位是指在一个组织中个人所从事的一组任务，是与一系列重复出现或者持续进行的任务相伴随的一个工作单元，是和分配给个人的一系列具体任务直接相关的一个位置。职位包括三个要素：职位不是个人确定的而是组织分配的；有明确的任务要求和相应的权力；对工作行为的承诺——能做到什么和不能做到什么。职位是职务、责任和职权的集合体。

（二）工作

工作是指在特定组织中，由一个或者多个具有相似特征的人所从事的活动或者任务。简单地说，就是人们所从事的任务和活动，它由一系列相似的职位组成。这里的工作一般是指带薪工作。①

（三）职业

职业是指参与社会分工，利用专门的知识和技能，创造物质财富和精神财富，获得合理报酬，满足物质生活和精神生活的一类工作。

职业由以下要素构成：职业名称，工作对象和内容，承担这些工作所需要的资格和能力，通过这些工作取得的各种报酬，在工作中建立的与其他社会部门或社会成员的联系。判断一个称谓是否是职业，需要对照职业的定义。

案例讲解 小梅的故事

职业与职位的区别：职业是“自然”产生的，职位是“人为”设置的。更直接地说，职位是职业的位置，是某种职业在某一社会空间结构中的具体体现。职位标示的是一个人职业活动的某一点，这一点又是人为设置的。职业是个人劳动的社会形态，标志着一个人的劳动性质和方式，一切有明确目的的社会劳动都可以列入职业范畴。有职业的人并不都有职位。②

职业与工作的区别：职业强调的是长期进入的行业或领域，具有长期性和稳定性；工作具有相对短期性和片面性。随着社会需求的变革和科技的进步，未来人们可能会在非标准时间内工作、从事更多的兼职工作，这些都是职业中的一部分。

---

① 程社明. 你的船-你的海：职业生涯规划［M］. 北京：新华出版社，2012：19.

② 刘怡娟. 职业生涯规划：从职场走向成功的第一步［M］. 北京：中国人民大学出版社，2013：21.

二、职业生涯

案例讲解 打开观念的抽屉

生涯是指个体通过工作所创造出的一种有目的的、延续一段时间的生活模式。广义的生涯是指个体一生各个方面的总和，包括生命的极限、生活、生计。生涯规划是指个体对自己人生历程的设计。

职业生涯是指个体职业发展的历程。一般认为，职业生涯始于任职前的学习与培训，终于退休。

职业生涯可分为内职业生涯和外职业生涯。内职业生涯由个体的内在素质决定，是指个体从事某种职业时的知识、观念、经验、能力、心理素质、内心感受等因素的组合及其变化过程。内职业生涯各因素的获得，可以通过他人的帮助，但主要靠个体自身的努力追求。内职业生涯的各因素一旦获得，外人便不能拿走。在职业生涯的各个阶段，个体都必须重视内职业生涯的发展。特别是在校大学生，或者刚参加工作的职场新人，一定要高度重视内职业生涯各因素的培养。

外职业生涯的构成因素通常是由他人认可或给予的，同时也容易被否认或收回。外职业生涯可以通过头衔、工资等体现出来。头衔表明了工作单位、企业类型、任职等内容；工资单里写明了基本工资、岗位津贴、绩效奖金等。

内职业生涯的发展是外职业生涯发展的前提，内职业生涯的发展能带动外职业生涯的发展。在职业生涯发展进程中，起重要作用的是内职业生涯的发展。

三、职业理想

职业理想是指以一定的世界观、人生观和价值观为基础，对未来可能的职业选择和想达到的职业成就的设想与追求。职业理想是职业生涯发展的动力，因此它既有导向作用，又有动力作用。

案例讲解 梦想由我编织

职业理想的导向作用体现在职业理想可以帮助人们定位人生、确定人生的具体目标。职业理想是成就事业、推动社会进步的精神力量。为了实现自己的职业理想，个体必须选择一种与之相对应的职业，否则，职业理想就无法或者很难实现。人们会根据职业理想所确定的目标来规划自己的学习和工作实践，从知识、技能等方面提高职业素质，提升职业道德。

职业理想的动力作用体现在职业理想既源于现实又高于现实，比现实更美好。为使美好的未来和宏伟的憧憬变成现实，人们会以坚韧不拔的毅力、顽强拼搏的精神和开拓创新的行动而努力奋斗。职业理想能成就事业、推动社会进步，有了这种动力作用，无论是在职业准备、职业选择还是在就业或创业的过程中，无论遇到什么样的困难和曲折，个体都会朝着已经确立的职业目标前进，直到取得成功。因此，职业理想是职业成功的原动力。

职业理想体现个体为实现人生理想对未来发展目标的向往和追求，决定着一个人的生活方向和道路，提供人生的动力，是人们进行有目的的实践活动的一种强大的精神动力。社会的前进，人类的发展，个体功业的建立，都与职业理想分不开。一个人若没有职业理想，就会失去学习和工作的动力。①

四、职业生涯规划

视频　职业生涯规划的内涵

职业生涯规划是指个体与组织相结合，在对职业生涯的主客观条件进行测定、分析、总结的基础上，对自己的兴趣、特长、不足等各方面进行综合分析与权衡，结合时代特点，根据自己的职业倾向，确定最佳的奋斗目标，并为实现这一目标，做出行之有效的安排。

职业生涯规划贯穿、涵盖了整个人生的发展期，它要解决的是个体将在怎样的职业领域得到发展、打算取得怎样的成就等问题。职业生涯规划不仅能帮助个体按照自己的资历条件找到合适的工作，更能帮助个体了解自己，明确自身竞争优势，设立职业目标，并为获得自己认为理想的职业做好各种准备。

（一）职业生涯规划的特点

职业生涯规划主要有以下四个特点。

（1）可行性。职业生涯规划作为一种职业选择行为，它是事先制订的计划，要求切实可行，即要从个体的实际出发，学会放弃无法实现的幻想和不切实际的梦想。个体的职业目标要同自己的能力、个人特质及工作适应性相契合。

（2）适时性。职业生涯规划的目的是预测未来的行动，确定未来的目标，因此，各项主要活动何时实施、何时完成，都应在时间和顺序上妥善安排。

（3）弹性。一份可行、适时的职业生涯规划需要考虑多方面的因素，这些因素间的关系可能错综复杂，因此，职业生涯规划要有弹性，以适应不断变化的环境。

（4）连续性。职业生涯规划是一个连续不断的过程，因此，要衔接个体发展阶段的不同目标和任务，贯穿职业生涯始终。

（二）影响职业生涯规划的因素

职业生涯规划的内容尽管因人而异，但在制订职业生涯规划时要考虑的要素基本相同，一般包括：

（1）自身因素，即个体的基本情况。主要包括性别、年龄、家庭、教育背景、特长、能力、价值观、个人目标与需求、智商与情商等。

（2）职业因素，即就业需求、职业声望、行业发展状况与发展前景等。职业因素会影响个体的职业行为及未来的职业发展道路。对职业因素进行认

① 张斌. 职业理想：大学生职业生涯规划的导向标 [J]. 中国成人教育，2008（16）：75－76.

真的分析和谨慎的考虑，将有利于个体做出正确的职业选择。

（3）社会环境因素。社会环境对每个人的职业发展都有重大影响，主要包括企业或组织、社会对个体的需求，家庭的期望，信息和技术的发展，经济的兴衰，政策法规的影响，以及个体与组织在职业选择、规划和机会方面的沟通情况等。

（三）职业生涯规划的原则

职业生涯规划的原则主要有以下四项。

（1）择己所爱。兴趣与职业成功概率呈明显的正相关。在规划职业生涯时，个体要充分考虑自己的兴趣爱好，选择自己喜欢的职业，只有这样，职业生涯才会妙趣横生。

（2）择己所长。在进行职业选择时，个体要尽量选择冲突较少且自己擅长的行业，从而有利于发挥自己的优势。

（3）择己所利。在规划职业生涯时，个体要考虑自己的预期收益，使之达到最大化。明智的选择会使自己的心理体验、成就感、经济收入、社会地位等方面达到最佳状态。

（4）择世所需。在规划职业生涯时，个体一定要目光长远，从社会的整体利益出发，分析社会需求，在尽量准确预测未来职业或者行业的发展方向后做出选择。在选择时，个体不仅要考虑当前社会有无此需求，更要考虑这一需求是否长久。

（四）职业生涯规划教育

职业生涯规划教育旨在有目的、有计划、有组织地培养学生规划自我职业生涯的意识与技能，发展学生综合职业能力，促进学生职业生涯发展，提高学生的职业选择和决策能力。简单来说，大学生职业生涯规划教育是通过对大学生自身特点的分析进行有目的的规划，实现大学生职业生涯发展的可持续性、全方位性。职业生涯规划教育的指导思想是让每个学生都能成为有用之才，目的是提高大学生的就业能力和生涯管理能力。

案例 《中华人民共和国国民经济和社会发展第十四个五年规划和2035年远景目标纲要》（节选）

没有规划的人生，好比沼泽中的水，四处流淌，毫无力量。有规划的人生，好比江河中的水，始终沿着一个方向奔流，其力量足以改变山川的面貌！因此，大学生的学习和择业都要有目标，只有这样才有机会实现职业理想。

视频　国内外职业生涯规划发展现状

第二节　国内外职业生涯规划的发展现状

为了更好地学习职业生涯规划，我们有必要对职业生涯规划的产生、发展与现状有所了解。

一、我国职业生涯规划的发展

进入 21 世纪以来，我国职业生涯规划教育发展迅猛，不仅高校越来越重视大学生的职业生涯规划教育，社会上一些商业培训机构也对职业生涯规划领域进行了广泛开发，培训师越来越多，各种介绍职业生涯规划的图书层出不穷。我国职业生涯规划教育进入快速发展期。

（一）我国职业生涯规划发展概述

我国职业生涯规划可以追溯至春秋时期，孔子在《论语·为政》中说道："吾十有五而志于学，三十而立，四十而不惑，五十而知天命，六十而耳顺，七十而从心所欲，不逾矩。"这是孔子对人生状态的自我评价，同样也是孔子对职业生涯状态的描述。

中国最早引进"生涯规划"相关课程是在 1916 年，由清华大学周寄梅引入，开始着手筹备高校就业辅导工作。1917 年，黄炎培、蔡元培、梁启超等人联合发起创立了中华职业教育社，并在 1918 年出版了《职业指南》，在 1919 年出版了《职业指导号》。1923 年，邹恩润编译的《职业指导》一书出版。1924 年，教育部门推动中小学建立"职业指导委员会"，随后许多学校设立了就业指导机构，帮助就业人员选择职业。后来由于国情和社会变动等因素，我国职业生涯规划的研究和发展几乎停滞，直到 20 世纪 80 年代，职业生涯规划逐渐在香港地区兴起，香港高校的生涯管理与辅导理念经历了家长式、服务式和发展式的演进过程。我国内地恢复职业生涯规划教育的时间较晚，直至 1985 年才开始恢复职业生涯规划的相关研究工作。1988 年，为指导高等学校毕业生就业，国家教育委员会创办《毕业生就业指导》，并成立毕业生就业指导中心。1993 年，中国职业技术教育学会职业指导专业委员会成立。

21 世纪以后，职业生涯规划进入了大学校园，各高校普遍对大学生进行职业生涯辅导。2005 年，清华大学开设的"职前教育网络学堂"对各个年级的学生进行职业生涯指导，深受学生的欢迎。北京大学等高校开始为新生提供系统的职业规划服务，包括职业测评、职业咨询、大学生职业生涯规划课程、职业规划训练营、就业指导专家系列讲座、职业辅导工作坊等。实践证明，这些工作能帮助大学生及早了解和规划未来的职业发展道路。2023 年，教育部下发《关于举办首届全国大学生职业规划大赛的通知》，极大地推动了高校职业生涯教育和就业指导工作，增强了大学生的职业生涯规划意识。

目前，随着国家对职业生涯规划教育重视程度的提高，职业生涯规划也成为专家和学者研究的热点。中国知网上以篇名为"职业生涯规划"检索到的研究文献从 2004 年的 111 篇，到 2024 年的 11 747 篇，每年平均新增研究文献近600篇，在2012年达到峰值878篇。

（二）我国职业生涯规划指导体系的特点

我国的职业生涯教育早在20世纪初就受到了人们的重视。陶行知的“生活教育理论”就是主张教育要与实际生活相联系；黄炎培的职业教育思想倡导“生计教育”的理念，并提出了“使无业者有业，使有业者乐业”的口号。21世纪以来，我国职业生涯教育得到迅猛发展。综合来看，我国职业生涯规划指导体系的特点主要有以下三个：

（1）职业生涯规划学科起步较晚。在我国，该学科研究领域对国际最新的职业生涯规划实践了解不够，工作思路需拓宽，工作方法需完善，工作效果需提高。在社会层面，个体在选择职业时“接受第三方提供的职业指导服务”的普遍性还不够。

（2）职业生涯规划教育尚处于探索阶段。职业生涯规划中的很多问题，如职业生涯规划的针对性、职业生涯规划的实践研究、职业生涯规划教育和就业的脱节等，还未经过深入的研究和实践。这就要求我们勤奋务实、大胆创新，根据学生的发展和社会需求，在借鉴国内外职业生涯教育成熟经验的基础上，构建适合我国国情的职业生涯发展教育体系。

（3）注重短期就业导向，忽视长期职业发展。目前高校人才培养和就业指导模式注重短期就业导向，而忽视对学生长期职业发展的支持和规划。这种做法虽然在短期内提高了就业率，但未能充分考虑学生职业生涯发展全局。或是注重长期职业发展，但实践不足，导致职业生涯规划更多地仅落于纸面。

二、国外职业生涯规划的发展

“职业生涯”的概念最早出现在1957年出版的美国生涯理论家舒伯的著作《职业生涯心理学》中。在一些发达国家，如美国、英国、加拿大、日本等，职业生涯规划教育和辅导在各级学校中得到普遍认可和广泛开展。

（一）国外职业生涯规划发展历史

起源于20世纪初的职业指导在100多年中经历了三次思想转折和以此为标志划分的四个发展阶段，完成了从职业指导到生涯辅导的历史嬗变。

第一阶段（1908—1942年）：职业指导理论提出和基本模式建立阶段。这一阶段以帕森斯和威廉姆森提出特质—因素理论为标志来界定和划分。1909年，美国学者帕森斯撰写了《职业选择》，首次运用“职业指导”（vocational guidance）这一概念。

第二阶段（1943—1951年）：重视个人发展阶段。这一阶段以罗杰斯提出来访者中心疗法为标志。1951年，《患者中心治疗：它目前的实施、含义和理论》问世，标志着人本主义理论流派走向成熟，推动了职业指导的重点从开发职业素质测试技术向提高职业咨询的方法与技术转变。该阶段也是职业指导观念向职业辅导观念转变的阶段。

第三阶段（1952—1971 年）：生涯辅导的形成阶段。这一阶段以金斯伯格和舒伯的职业生涯发展理论的建立为标志。金斯伯格的《职业选择》一书于 1951 年出版，对青少年职业选择的过程与问题进行了深入研究，将职业发展分为空想阶段、尝试阶段和现实阶段。舒伯经过大量研究于 1957 年写成《职业生涯心理学》，首次使用“职业生涯”的概念，将职业生涯定义为一个人终生经历的所有职位的整个过程，系统阐述了职业生涯发展的 12 个基本命题和 5 个发展时期。

第四阶段（1972 年至今）：生涯辅导成熟、完善和国际化的确立时期。职业生涯辅导理论受到社会广泛认可，不同学派出现了“百花齐放，百家争鸣”的繁荣景象。虽然这些理论本身流派各异、传承不同，但是有一个明显的共同发展默契，就是将生涯辅导推向以注重个体生涯发展历程为重心的方向，使生涯发展走向正轨。①

（二）国外职业生涯规划发展现状

在许多发达国家，职业生涯规划与职业指导被视为“积极劳动力市场政策”的重要组成部分。职业生涯规划已成为一项产业，并得到政府立法的肯定与支持。

美国是较早在学校中进行职业生涯规划教育的国家。美国联邦教育总署署长马伦于 1971 年提出生计教育，这在当时是一种新的教育观念，引起强烈反响，并由此通过了第一个《生计教育法案》。1987 年，美国联邦政府成立国家职业信息协调委员会，监督学校职业规划的指导，以此规范职业教育。

英国的职业生涯规划教育是以法律为基础、用制度作保障的，其领先地位在世界上已经得到公认。1997 年，英国的教育法明确规定所有公立学校都有法定义务对 13—19 岁的学生进行生涯教育。英国的职业生涯服务机构有很多，这些机构的服务对象众多，服务范围广泛，服务方式多样，形成了系统的服务网络，覆盖整个国家。

德国不仅通过立法来保障职业生涯规划工作的有序进行，而且设立了联邦劳动局专门负责各学校的就业指导课程。为解决学生就业过程中的一些问题，政府还成立专门机构，配备固定的编制和充足的经费，负责指导大学生对专业的选择和更换；开办各种培训班和研讨会，培养大学生的应聘技巧及相关能力。

从 20 世纪 20 年代至今，日本的职业指导历经就业指导、进路指导、职

① 袁乐，周炜炜，戴敏秀．国内外职业生涯规划教育比较研究［J］．世纪桥，2007（10）：107－108，110.

业生涯教育三个发展阶段。在政府的积极引导和社会各界的大力推动下，其教育目的、教育设计理念更加明确，教育内容、教育方法日趋丰富，教育保障机制逐步完善，形成了一个完整的贯穿小学、中学、大学的职业生涯教育体系。①

综合来看，国外职业生涯规划指导体系主要有以下四个特点：

（1）机构专门化。发达国家基本上都成立了专门的机构负责指导学生开展职业生涯规划。在美国，从联邦政府、州政府到高校都设有不同形式的职业生涯教育专门机构，其职责是开展大学生就业指导，甚至进行整个职业生涯规划工作。澳大利亚则成立就业中心，负责大学生职业生涯教育以及毕业生的就业咨询与服务。

（2）过程全程化。发达国家对学生进行的职业生涯教育贯穿整个学习过程，而且根据学生年龄阶段、受教育程度的不同，侧重不同的教学内容，开设相关课程。小学为职业认知阶段，初中为职业探索阶段，高中为职业定向阶段，大学为职业准备阶段，大学毕业后为就业选择和职业发展阶段，一直到个体取得职业成功。

（3）人员职业化。国外从事职业生涯教育的人员普遍呈现出职业化、专门化的特点。

（4）方式个性化。发达国家在大学生职业生涯教育中，除了对全体学生进行集体辅导外，还特别注重针对不同状况的学生进行个别咨询和辅导。学生可以通过不同的信息沟通渠道与职业生涯教育人员交流，从而主动获得具体、细致的个别指导。②

视频 为什么要学习职业生涯规划

第三节 为什么要学习职业生涯规划

职业生涯规划将伴随我们的一生，成功的职业生涯有助于实现幸福人生。因此，职业生涯规划具有特别重要的意义。

链接 手指游戏

一、有助于认识自身特点和价值

职业生涯规划有助于大学生重新认识自身特点和价值，为大学生导航人生，指引他们更快、更好地实现自我并走向成功。在职业生涯规划过程中，个体要学会从职业需要的角度分析自我，只有清楚地认识自身条件，才能对

① 徐爱新，安月辉，于伟娜．解析日本的职业生涯教育［J］．教育与职业，2011（18）：81－83.

② 徐云．国内外职业生涯规划教育的比较和启示［J］．文理导航旬刊，2011（11）：90.

自己有一个准确的定位。

在分析自我的过程中，既不能高估自己，觉得自己有多么了不起，又不能妄自菲薄，觉得自己样样不如人。要客观地认识自身条件，了解自己的优势和不足，理性地面对纷繁复杂的职场，规划好自己的职业生涯。

二、有助于明确人生发展的目标和方向

案例讲解 你属于哪一组?

为自己设立合适的职业目标有助于今后取得事业成功、实现人生价值。设立职业目标要研究社会经济发展的实际需要、个人所处的就业环境、行业发展对从业者素质的要求等方面。因此，要知道国家经济发展的大趋势，了解本地区的经济特色和未来发展趋势，尽可能利用区域经济发展机遇，了解市场需要什么人才、当地有什么可以利用的资源。掌握这些信息有助于实现职业目标。所以，个体必须提前做好准备，避免走弯路。

只有“知己”——全面了解自我、“知彼”——了解就业环境和职业需求，才能选择就业方向，设立合适的职业目标。

个体在设立职业目标时既应该有远期的总体目标，又应该有近期的阶段目标。远期的总体目标不可能一蹴而就，只有不断地实现近期的阶段目标才能最终实现远期的总体目标。因此，在职业生涯规划中要将远期的总体目标划分为一个个具体的阶段目标。

设立阶段目标时需要注意以下三点：

（一）目标要“跳一跳”才能达到

案例讲解 没有职业方向的烦恼

“跳一跳”，即必须为之付出努力、为之拼搏，不是轻而易举能达到的。阶段目标不能定得太高，否则如果经过努力拼搏完成不了，就会有挫败感，容易产生悲观情绪，失去信心，从而放弃目标。阶段目标也不能定得太低，如果目标能轻易达到，个体没有成就感，就会影响整体目标的实现。因此，在设立阶段目标时，要从“跳一跳”才能达到的目标开始。

（二）目标要切合实际

个体在设立目标时不能脱离自身条件，不能脱离社会现实，不能把某种不切实际的欲望当作行动目标。这样的目标必定指向失败。

个体在设立阶段目标时，要根据阶段目标对职业能力、思想品质、日常行为习惯等方面的要求，设立与自身兴趣、性格、能力等个性特点相匹配的目标。脱离自身条件、脱离社会现实的目标是很难实现的。

（三）目标要具体、明确

阶段目标要十分具体，不仅要表明需要完成的任务、所能达到的状态，还要列出措施，并保证措施明确、得当，有可操作性、可评估性，切忌措施

空洞、不着边际。个体在设立阶段目标时，要设定明确的时限，或者 1～2 天，或者 3～5 年。如果没有具体明确的时限，就等于没有目标。只有具体、明确并有时限的目标，才具有行动指导意义，才会有激励的价值。

阶段目标是实现职业目标的重要保证，各阶段目标之间的关系应该是呈阶梯形的，即前一个目标是后一个目标的基础，后一个目标是前一个目标的方向，所有的阶段目标都指向远期的总体目标。

设立目标后，还需要不断调整。要使职业生涯规划行之有效，就应该对职业生涯规划的具体内容和计划的实施情况进行定期检查，及时发现各种情况的变化，不断地进行自我反省，从而修正职业生涯目标，改进职业生涯策略，更好地实现自己的职业理想。

三、有助于建立科学的职业观，增强核心竞争力

职业观是人们对职业价值与意义的看法，即人们通过对某种职业的劳动性质与形式、社会地位与发展前途、薪资待遇、职业群体的人际关系以及是否符合自己的专业特长、能力、兴趣、性格等方面做出具体分析与判断，从而得出其好坏、优劣的概括性认识。

核心竞争力是一个人能够长期获得竞争优势的能力。高等院校的人才培养目标是培养既要有扎实的专业课基础，又要有较强的实践操作能力，以及良好的职业道德的大学生。通过学习职业生涯规划课程，大学生能认识到具备以上知识和技能的重要性，并且能够在学习生活中学好、用好。这样不仅提高了自身的综合素质，也会具有较强的核心竞争力。

近年来，大学生的就业形势越来越严峻，有些大学生找工作时抱有碰运气的心理，拿着简历盲目地投递，没有充分认识到职业生涯规划的意义和重要作用，因此走了很多弯路，最后效果也不佳。“凡事预则立，不预则废。”今天的大学生想要灵活地应对剧烈变化的职业社会，就必须做好职业生涯规划。做好职业生涯规划就是积极主动地适应社会发展、勇敢接受社会挑战的过程。

四、有助于促进学生自我实现的需要

美国心理学家马斯洛曾提出著名的需要层次理论，指出个体一般有五种需要，从低到高依次是生理需要、安全需要、归属与爱的需要、尊重的需要和自我实现的需要。此理论有两个基本点：第一，人的需要是有层次的，某一层次的需要得到满足后，更高层次的需要就会接着出现；第二，某一层次的需要一旦得到满足，便很难再起激励作用。

第一层次是生理需要。包括个体需要食物、水、空气，需要有适宜的环境休息，以及性的需要等。生理需要是推动人们行动的首要动力。只有最基

本的需要满足到维持生存所必需的程度后，安全需要才能成为新的激励因素，此时生理需要也就不再成为激励因素。

第二层次是安全需要。包括人身安全、健康保障、资源所有性、财产所有性、家庭安全等。马斯洛认为，整个有机体是一个追求安全的机制，当安全需要相对满足后，也就不再成为激励因素，归属与爱的需要将上升为激励因素。

第三层次是归属与爱的需要。包括爱与被爱、与人交往、被认同和接纳等。每个人都希望被别人或团体认可与接纳，同时，人人都希望得到关心和照顾。情感上的需要比生理上的需要更细致，它和一个人的生理特性、经历、受教育程度、性格等有关。

第四层次是尊重的需要。包括自我尊重、信心、成就、尊重他人、被他人尊重。人人都希望自己有稳定的社会地位，希望个人的能力和成就得到社会的认可。尊重可分为内部尊重和外部尊重：内部尊重就是人的自尊，是指一个人希望自己在各种不同情境中有实力、能胜任、充满信心、独立自主；外部尊重是指一个人希望有地位、有威信，受到别人的尊重、信赖和良好评价。马斯洛认为，尊重的需要得到满足，能使人对自己充满信心，对社会满腔热情，体验到自己活着的价值。

第五层次是自我实现的需要。达到自我实现境界的人，接受自己也接受他人，解决问题的能力增强，自觉性提高，善于独立处事，完成与自己能力相称的一切事情。自我实现的需要是在努力挖掘自己的潜力，使自己能够成为所期望的人物。

理论研究表明，人人都需要发挥自己的潜力，表现自己的才能，只有当个人的潜力充分表现出来时，才会感到最大的满足，而此时才可谓自我实现，即梦想成真。1954 年，马斯洛在《动机与人格》一书中探讨了他在早期著作中提及的另外两种需要：求知需要和审美需要。这两种需要后来被他的学生列入需要层次理论，他认为这二者应居于尊重的需要与自我实现的需要之间。在马斯洛的需要层次理论中，自我实现的需要处在所有需要的最顶端，自我实现是人生需要的最高层次，它意味着人只有满足了自我实现的需要后，才能体会出人生最大的满足感和成就感，其中包括自己职业上的成就感和满足感。

有效的职业生涯规划可以帮助学生认识自己、认识社会，了解所学专业未来的发展趋势。大学生要学会制订科学有效的实施方案，确保生涯发展计划能够顺利地实施。只有这样，才会使自己在校期间的学习更具有针对性，对自身的塑造更有目的性，最终促使个体自我成长和自我实现。

理解 · 反思 · 探究

1. 你毕业后想从事什么工作？为什么？

2. 请设计一张你40岁时的名片。
3. 你的职业目标是什么？你想如何实现它？
4. 请为自己的职业生涯规划做一个初步的设想。

案例　加快建设教育强国、科技强国、人才强国

生涯启航

2025年1月，中共中央、国务院印发《教育强国建设规划纲要（2024—2035年）》，对我国教育事业发展的战略目标和实施路径作出总体安排和全面部署。《教育强国建设规划纲要（2024—2035年）》作为我国教育事业发展的纲领性文件，反映了国家、社会、人民等不同层次主体的核心诉求。其中提到的注重全面发展、把握职业教育新机遇、顺应区域发展趋势、紧跟科技前沿领域、树立终身学习理念等内容对个体的职业生涯规划有诸多方面的启示。《教育强国建设规划纲要（2024—2035年）》强调培养德智体美劳全面发展的社会主义建设者和接班人，启示我们在职业生涯规划中，不能仅局限于专业知识与技能的提升，还要注重身体素质、审美能力、劳动素养等多方面的发展，以增强综合素质，适应未来多样化的职业需求。

第二章 职业生涯规划的基本理论

有关职业生涯规划的理论有很多，本章主要介绍几种有代表性的理论：职业锚理论，职业生涯发展阶段理论，职业生涯决策理论，认知信息加工理论，人职匹配理论。学习基础理论，能够为大学生做好职业生涯规划提供充分的理论依据。

第一节 职业锚理论

视频 职业锚理论

职业锚的概念是在 20 世纪 70 年代，由美国麻省理工学院的施恩提出的。施恩对麻省理工学院斯隆管理学院的 44 名毕业生进行了为期 12 年的职业生涯纵向研究。他定期与这些毕业生进行面谈，发放调查问卷，跟踪走访，在研究过程中逐渐形成了自己关于职业定位的看法，并提出职业锚理论。职业锚理论认为，职业生涯发展实际上是一个持续不断的过程。在这一过程中，每个人都根据自己的天赋、能力、动机、需要、态度和价值观等慢慢地形成较为明晰的、与职业有关的自我概念。随着对自己越来越了解，个体就会越来越明显地形成一个占主导地位的职业锚。

案例 进入无垠广袤的人生——追忆"天眼"之父南仁东

一、职业锚的概念

锚，是船舶停泊定位用的铁器，职业锚是定位职业用的锚。职业锚是指个人在工作过程中依循着自身的需要、动机和价值观，经过不断探索所确定的长期职业贡献区和职业定位。也可以这样理解：职业锚就是当一个人不得不做出选择的时候，无论如何都不会放弃的职业中至关重要的东西或价值观，即人们选择和发展自己的职业时所围绕的中心。一个人对自己的天赋、能力、动机、需要、态度和价值观等有了清楚的了解之后，就会意识到自己的职业锚是什么。有的人一辈子都不知道自己的职业锚到底是什么，直到他们不得不做出某种重大选择的时候：是放弃相对稳定但是薪资平平的工作，还是选择薪资较高但是相对不太稳定的工作？是放弃私企高管的职位还是选择到学校担任教师？在这样重要的关口，一个人过去的所有工作经历、能力、兴趣、资质、潜能等会集合成一个富有意义的职业锚，这个职业锚告诉我们，对个人来说，到底什么东西才是最重要的。

职业锚的概念包含三个方面的内容，如图 2 - 1 所示。① 自省的才干和能力，即以实际工作中的成功经验为基础，知道自己能干什么。② 自省的动机和需要，即以实际情境中的自我测试、自我诊断以及他人的反馈为基础，知道自己想干什么。③ 自省的态度和价值观，即以自我与雇佣组织和工作环境的准则与价值观之间的实际状况为准则，知道自己为什么干。在一般情况下，如果个体能够有理有据地确定这三个方面的内容时，他就找到了自己的职业锚。

在了解职业锚的概念时，要注意以下三点：

第一，职业锚以个体习得的实际工作经验为基础。个体只有在工作若干年、习得工作经验后，方能选定自己稳定的长期职业贡献区。个人在面临各种各样的实际工作生活情境之前，很少能真切地了解自己的能力、动机和价值观，以及在多大程度上适应可行的职业选择。因此，个体的工作经验影响

图 2-1　找到自己的职业锚

职业锚。换句话说，职业锚是在某种程度上由个体的实际工作经验和经历所决定的，而不仅取决于潜在的才干和动机。

第二，职业锚不是个体根据各种测试得出来的才干、动机、需要和价值观，而是在工作和社会生活实践中，依据自身和已被证明的能力、动机和价值观，正确地选择、准确地进行职业定位。

第三，员工个人及其职业不是固定不变的。职业锚是个人稳定的职业贡献区和成长区。但是，这并不是意味着个人将停止变化和发展。员工以职业锚为基础，可以获得自身职业的进一步发展，以及个人的成长和变化。此外，职业锚本身也可能变化，员工在职业生涯的中后期可能会根据变化的实际情况，重新选定自己的职业锚。因此，职业锚虽然相对稳定，但不是一成不变的。

二、职业锚的类型

施恩根据自己对麻省理工学院毕业生的研究，在 1978 年将职业锚分为五类，在 20 世纪 90 年代，他又发现了三类新的职业锚，共计八类。不同类型的职业锚反映了不同个体的职业价值观和职业定位。

（一）技术型

技术型职业锚的人愿意在专业领域中发展，追求在技术领域的成长和技能的不断提高，以及应用这种技术的机会。他们对自己的认可来自专业水平，喜欢面对来自专业领域的挑战。他们往往不喜欢从事一般的管理性质的工作，因为这意味着他们将放弃在技术领域的成就。在他们看来，成长和成功不是等级地位的大幅度提升，而是专业地位的提高和技术的高精尖。

（二）管理型

管理型职业锚的人有强烈的愿望去做管理人员，并且相信自己有能力达到高层领导职位。他们追求并致力于工作晋升；倾向全面管理，追求权力；具有强烈的升迁动机和价值观；善于与人沟通；具有较强的分析能力和领导、操纵、控制他人的能力。他们将公司的成功与否看成自己的事，对组织有很强的依赖性。

（三）独立自主型

独立自主型职业锚的人喜欢独来独往，希望随心所欲地安排自己的工作方式、工作习惯和生活方式。他们追求能施展个人能力的工作环境，最大限度地摆脱组织的限制和制约。他们宁愿放弃提升或工作发展的机会，也不愿意放弃自由与独立。

（四）安全稳定型

安全稳定型职业锚的人最关心职业的长期稳定性与安全性。他们追求安定的工作、可观的收入、优厚的福利，注重和关心养老保险制度。他们容易接受组织，并且服从组织安排，不越雷池半步，对组织有较强的依赖性。

（五）创业型

创业型职业锚的人希望利用自己的能力去创建属于自己的公司或完全属于自己的产品（或服务），而且愿意冒险，愿意克服困难、障碍等。他们想向世界证明自己。他们可能正在别人的公司工作，但同时他们在学习并评估未来的机会。一旦他们感觉时机成熟，就会创建自己的事业。

（六）服务型

服务型职业锚的人一直追求他们认可的核心价值，如帮助他人、通过新的产品消除疾病等。他们会为了寻求服务他人的机会而不惜换工作。

（七）挑战型

挑战型职业锚的人喜欢解决看上去无法解决的问题，战胜强硬的对手，克服无法克服的困难、障碍等。对他们而言，参加工作的原因是工作给了他们去战胜各种“不可能”的机会。新奇、变化和困难是他们所向往的。如果事情非常容易，他们就会变得不耐烦和无精打采。

（八）生活型

生活型职业锚的人喜欢允许他们平衡并结合个人需要、家庭需要和职业需要的工作环境。他们希望将生活的各个主要方面整合成一个整体。正因为如此，他们需要能够实现这一目标的职业环境。为了实现这一目标，他们甚至可以牺牲职业的一些方面，如晋升带来的职业转换。他们认为自己在如何生活、在哪里居住、如何处理家庭事务、在组织中的职业发展道路等方面是与众不同的。

三、职业锚的作用

职业锚能够帮助个体明确职业方向、选择职业道路。职业锚在一个人不得不做出职业选择的重要关口会发挥决定性作用。对于大学生来说，职业锚理论在职业生涯规划和就业选择过程中主要有以下作用。

（一）帮助认识自我

认识自我的方法有很多，如社会比较、自我反省、职业测试等。寻找并确定职业锚，实际上也是个人自我认知的过程——自己具有什么样的能力、才干？自己最需要什么？自己的职业价值观是什么？

（二）确定职业目标

大学生在进行职业生涯规划时，可以通过分析自己的职业锚，明确自己的职业价值观，确定职业方向，对今后的职业发展道路进行有针对性的设计和准备，并通过参加相应的培训、学习、实践，为职业生涯的成功奠定基础。

（三）选择发展方向

当大学生完成学业、临近毕业时，会面临多种选择：是继续深造还是直接就业？是进入国有企业还是外资企业？是先寻求自我发展，还是先赚钱养家？职业锚的理论和观点有助于个体逐步明确自己最想、最希望得到的东西，从而确定自己在某一段时期内的奋斗方向。

四、如何运用职业锚理论树立适应社会的择业观

不同职业锚倾向的个体，其择业观也不一样。从学生的角度来看，不同类型的个体要综合分析自己的择业观，调整自己的择业观，确定职业倾向，并且根据就业环境的变化做出适当的调整，以便有效地实现自己的择业目标；从指导教师的角度来看，可以借助职业生涯规划的相关理论和测评工具，设计出多套择业观指导模块来指导不同类型的学生，使学生树立科学的择业观，为不同类型的学生找到适合自己的职业方向。

在高校，技术型职业锚的学生相对较多，尤其是在理工类院校。技术型职业锚的个体可以通过学习讨论、听讲座、参与科研训练、参加社会实践活动等方式增加自己在专业领域的知识储备，提高技术能力，使自己具备的能力与未来所从事的职业需求相匹配。大学生一旦锚定技术型，就意味着他们将要走上一条技术专家的道路。

管理型职业锚的学生在大学期间应该积极参与学生干部的竞选和学校社团组织的活动，培养为其他同学服务的意识，通过组织各种校园文化活动、协调处理各项事务等培养自己的领导能力、组织能力、协调能力和社交能力，学会合理地安排时间，平衡好学习和生活。对于锚定管理型的大学生，其职业成功在于升迁至高职位，获得全面管理更多人的机会和更大的管理权力。这类大学生的择业观比较明确，其主要的职业领域是政府机构和企事业单位。他们对组织具有很大的依赖性和认同感，容易将个人的命运和组织紧紧相连。

独立自主型职业锚的学生不愿意受他人的约束，喜欢用自己的方式去做事，追求不受约束的工作环境。独立自主型职业锚与其他职业锚常有交叉，如独立自主型职业锚同时又是安全稳定型职业锚或是生活型职业锚。独立自主型职业锚的学生可以：① 寻求能施展个人职业能力的工作环境；② 进行职业生涯规划，为达到目标而一步步地努力；③ 学会保持愉快的心境，有职业认同感，把工作成果与自己的努力相结合。同时还要把握好自由的“度”，处理好自由与现实生活约束的关系，使自己在崇尚自由的同时，职业生涯上也能取得成功。独立自主型职业锚的学生的主要择业方向是学者、自由职业者、个体咨询人员、科研人员和个体工商户等。

安全稳定型职业锚的学生追求安稳的工作，并且希望通过年轻时的努力工作换回未来稳定的养老，这是其选择职业的驱动力。安全稳定型职业锚的成功标准是稳定、安全、整合良好的家庭关系和工作情境。这类人与创业型职业锚的人的择业观截然不同，他们较少有创业的雄心和创新意识，对于风险性和挑战性的事情较排斥，择业倾向多为银行、国企、政府、学校等单位。安全稳定型职业锚的学生在当前背景下，要有不断进取的精神，努力提升自己的才能，使自己的职业发展更加顺利。

对于创业型职业锚的学生来说，创造是其自我发展的核心和工作的强大动力。他们独立思考、勇于创造的科学精神，可以为一切冒险做准备。这类学生可以利用学校等机构提供的多样化的创新实践或创造机会，有意识地通过大量的实践活动，使自己获得有关创业的感性认识，积累创业经验，巩固其职业锚，促进他们将所学知识快速转化为创业能力。同时，创业型职业锚的学生也可以：① 在深入钻研专业的基础上积极培养创造性的思维方式，使创造性思维更加成熟；② 把创造性思维转化成实践，利用申报科研创新项目等方式培养自己的创新能力；③ 吸取创业、创造过程中的经验教训，通过阅读相关图书或听取成功人士的交流讲座，避免走弯路或创业失败。锚定创业型的大学生，通常定位在新品研发工程师、营销策划部门经理、形象设计、自主创业等领域。

服务型职业锚的学生追求职业能够体现个人价值观，而不是发挥自己的才能。他们内心强烈的服务意识和愿望形成了其稳定的职业观，一直追求他们认可的核心价值，即服务观念的实现和得到认可。这类学生的择业倾向于医生、护士、社会工作者、慈善事业工作人员等。他们可以在学校里积极参加学生干部竞选，从而得到为他人服务的机会，积极参加学校社团和社会公益事业，使自己的服务意识和价值观得到进一步的确认和形成。例如，参加青年志愿者活动、校内外实习实训等其他与服务相关的职业或岗位。同时还要加强自己的心理素质，即使自己的工作没有得到他人的肯定甚至被误解，也不要自我否定，而是从容地面对职业道路上的各种问题和挑战。

挑战型职业锚的学生追求解决难题，喜欢不断有新的刺激和挑战性任务的工作环境，他们对工作或职业中遇到的各种问题或障碍有强烈的解决意愿，这也是其动力所在。如果在工作中每天只是面对日常问题或没有挑战性的工作，那么他们就会感觉工作没有意义，烦躁不安，甚至选择离职。这类学生在择业时倾向于科研技术攻关岗位或能突破自我的岗位。在校期间，这类学生应该掌握更全面的知识和技能，并形成有勇气接受挑战的心理，争取在学校社团活动或校内外实习实训中表现出较好的问题解决能力，使自己的自信心大大增强，加快挑战型职业锚的形成，并使之越来越清晰。同时要加强职业生涯规划意识、与人和谐相处的意识和心理健康教育，避免出现择业的短期性，从而使自己的择业观更加理性，提高职业稳定性。

生活型职业锚的学生比较注重个人、家庭和职业的整合协调。他们对组织的轮班、轮休、弹性工作时间等措施反应积极。对他们来说，成功不仅意味着事业上的成就，而且意味着经营好整个生活。他们需要很多时间来处理个人事务，如照顾家人、结婚、交友等。这类学生关注个人、家庭和职业的协调，在一定程度上注重追求生活质量和享受生活。他们要有针对性地提高职业能力，在工作岗位上能够不断提高工作效率，在有限的工作时间内创造出最大的价值，为自己有足够的闲暇时间创造条件。他们可以选择在自己职业倾向范围内的自由职业，将其特点与相应的职业结合起来。

第二节　职业生涯发展阶段理论

职业生涯是一个长期的发展过程，在不同的发展阶段，每个人都有着不同的人生追求和职业生涯发展所面临的主要任务。正确认识职业生涯发展规律以及自己所处的发展阶段，对制订有效的职业生涯规划有着至关重要的意义。本节将介绍四种主要的职业生涯发展阶段理论。

视频　职业生涯发展阶段理论

一、格林豪斯的职业生涯发展阶段理论

美国心理学博士格林豪斯从人生不同年龄段的职业发展所面临的主要任

务的角度进行研究，并以此为依据将职业生涯发展分为五个阶段，见表2-1。

表 2-1 格林豪斯的职业生涯发展阶段理论

阶段	职业准备阶段	进入组织阶段	职业生涯初期	职业生涯中期	职业生涯后期
	0—18 岁	19—25 岁	26—40 岁	41—55 岁	56 岁至退休
主要任务	发展职业想象力，培养职业兴趣和能力，对职业进行评估和选择，接受必要的职业教育和培训	进入职业生涯，选择一种合适的、较为满意的职业，并在一个理想的组织中获得职位	逐步适应职业工作，融入组织，不断学习职业技能，为未来的职业生涯成功做好准备	努力工作并力争有所成就，在重新评估职业生涯中强化或转换职业道路	继续保持已有的职业成就，成为一名工作指导者，维护自尊，准备隐退

二、金斯伯格的职业生涯发展阶段理论

金斯伯格是较早从生涯发展的角度研究人的职业行为的学者，是研究职业生涯发展理论的先驱。他提出，人在童年时期就开始孕育职业选择的萌芽，伴随着年龄、资历、教育等因素的变化，个体的职业选择会表现出不同的特征。他通过研究美国富裕家庭的年轻人的职业心理发展过程，对比他们从儿童期到成年早期的成熟过程中的各个关键点上有关职业选择的想法和行动，把人的职业选择的心理发展分为三个主要时期：

（一）幻想期

在 11 岁之前，儿童对大千世界，特别是对于他们所看到或接触到的各类职业充满新奇感，幻想着长大要做什么，突出表现为早期与其他儿童或者家人玩“过家家”游戏时，喜欢将自己装扮成理想中的职业人模样。幻想期职业需求的特点是：单纯凭自己的兴趣爱好，不考虑自身的条件、能力水平和社会需要与机遇，完全处于幻想之中。

（二）尝试期

11—17 岁是个体由少年儿童向青年过渡的时期，个体的生理和心理在迅速地成长、发育和变化，以其独立的意识和价值观的形成为显著标志。此时，个体的知识显著增长，能力显著增强，初步懂得社会生产和生活的经验。在职业需求上呈现出的特点是：有职业兴趣，能客观地审视自身各方面的条件和能力；开始注意职业角色的社会地位和社会意义，以及社会对该职

业的需要。

金斯伯格进一步把尝试期划分为四个阶段：

（1）兴趣阶段（11—12 岁）。开始觉察社会不同职业之间的一些重要差异，并对自己较为关注的职业产生兴趣。

（2）能力阶段（13—14 岁）。开始注意不同社会职业对人的能力要求，注意衡量自己的能力与某些自己感兴趣的职业的差异，并自觉进行训练。

（3）价值观阶段（15—16 岁）。开始注意了解各种职业的社会价值和个人价值，并运用这些价值审视自己的职业兴趣和能力，以便进行职业选择。

（4）综合阶段（17 岁左右）。开始综合有关职业信息，并综合判断个体职业发展方向，缩小职业兴趣范围，把自己在前几个阶段中形成的职业价值判断和早期职业行动转移到自己初步确定的职业方向上来。

（三）现实期

在 18 岁以后，个体向成人过渡。个体能客观地把自己的职业愿望或要求，同自己的主观条件、能力，以及社会现实的职业需要紧密联系和协调起来，寻找适合自己的职业角色。在此时期，个体对职业的认识不再模糊不清，已有具体的、现实的职业目标，表现出的特点是客观、现实、讲求实际。

金斯伯格将现实期又分为三个阶段：

（1）试探阶段。对尝试期初步确定的职业方向进行各种职业的试探活动，如调查、访谈、参观、考察、查询、咨询等，了解职业发展方向及就业机会，为选择职业做准备。

（2）具体化阶段。对职业试探活动中的某些结果，结合自己的情况进行比较分析，再一次缩小职业选择的范围，使自己的职业选择方向更加具体化、明确化。

（3）专业化阶段。对个体职业发展的专业方向进行确认，并付出实际行动，如选择去专业院校学习或者工作。

金斯伯格的职业生涯发展阶段理论，事实上是前期职业生涯发展的不同阶段。也就是说，是就业前人们职业意识或职业追求的变化发展过程。为了完善自己的理论，1983 年，金斯伯格对他的理论进行了重新阐述，其中，着重强调的一点是：对那些从工作中寻找满足感的人来说，职业选择是一个终身的决策过程，是他们不断增进自己正在变化的职业目标和工作现实之间匹配度的过程。这一过程受三个因素的影响：最初的职业选择、最初的职业选择与随后工作经验所给予的反馈、经济与家庭状况。如果一个人最初的职业选择没有达到其所期望的职业满意度，他就很可能要重新进行一次职业选择，而再次的职业选择依然受到以上三个因素的制约。

三、舒伯的职业生涯发展阶段理论

舒伯是美国研究职业生涯发展理论的权威代表人物之一。舒伯结合心理学知识，重在对个人的职业倾向和职业选择过程本身进行研究，将该理论汇集成一个完整的体系。舒伯将人的职业生涯发展划分为五个主要阶段：成长阶段、探索阶段、确立阶段、维持阶段和衰退阶段。

（一）成长阶段（0—14岁）

该阶段属于认知阶段，主要特征是儿童通过家庭和学校中关键人物的影响并认同这种影响后，发展自我概念。在此阶段早期，个体的需要和幻想占统治地位。随着个体逐渐步入社会和了解现实，兴趣和能力变得更加重要。

该阶段的主要任务是发展自我概念，也就是认识自己是一个什么样的人；建立对工作的正确态度；了解工作的意义。该阶段可以细分为：

（1）幻想期（0—10岁）：以需要为主要考虑因素，在幻想中扮演自己喜爱的职业角色。

（2）兴趣期（11—12岁）：以个人喜好为主要考虑因素。

（3）能力期（13—14岁）：以能力为主要考虑因素，开始考虑自己的能力与工作要求是否相匹配。

（二）探索阶段（15—24岁）

该阶段属于打基础阶段。主要特征是个体通过学校学习、休闲活动、社会实践等机会，对自己的天赋和能力进行现实性评价，从而进行自我考察、角色鉴定和职业探索。

该阶段的主要任务是使职业偏好逐渐具体化、特定化；形成与事实相符的自我概念；学习如何开始职业生涯规划。该阶段可以细分为：

（1）尝试期（15—17岁）：考虑兴趣、需要、能力、价值观以及就业机会，通过讨论、课外工作等方式，尝试选择职业，判断可能适合自己的职业领域和层次。主要任务是明确自己的职业偏好。

（2）过渡期（18—21岁）：进入就业市场或接受职业培训，更重视现实，开始发展自我概念。主要任务是将一般性的职业偏好转化为明确的职业倾向。

（3）初步试验承诺期（22—24岁）：初步确定职业选择，探索其成为终身职业的可能。必要时会重新选择、再次探索。主要任务是实现职业偏好。

（三）确立阶段（25—44岁）

该阶段属于选择、安置阶段。主要特征是经过早期的试探与尝试后，逐步找到合适的职业领域，努力巩固地位，谋求职业发展。

该阶段的主要任务是找到机会从事自己喜欢的职业；学习处理人际关系；

巩固地位，力争提升个人素质；稳定地发展职业生涯。该阶段可以细分为：

（1）承诺和稳定期（25—30 岁）：在选择的职业上安顿下来，可能因满意度略有调整。

（2）晋升期（31—44 岁）：确立稳定的职业目标，并致力实现这些目标。大多数人在此时期富有创造性，在工作中能够取得较好的业绩，使其资历、地位不断攀升。

（四）维持阶段（45—64 岁）

该阶段属于升迁阶段，主要特征是个人不断付出努力来获得职业生涯的发展和成就，避免产生停滞感；面对新人的挑战，全力应对；很少或不去寻求在新领域中的发展。

该阶段的主要任务是接受自身的局限性；找出需要解决的新问题；发展新技能；专注于最重要的活动；维持并巩固既得的职业地位。

（五）衰退阶段（65 岁及以后）

该阶段属于退休阶段。主要特征是个体从原有的工作中退出；完成角色转换，从有选择的参与者转换为完全退出工作领域的旁观者。

该阶段的主要任务是注重发展新的角色，寻求不同的生活方式来替代和满足职业缺失带来的不安和不适。

职业生涯发展阶段理论的各阶段之间可能有交叉重叠，并不完全受年龄的限制，也不存在严格的界限。同时，在个人职业生涯发展的不同时期，都可以经历由这五个阶段构成的“小循环”。

四、廖泉文的职业生涯发展阶段理论

我国著名人力资源管理学家廖泉文在总结国外学者职业生涯发展阶段理论的基础上，创造性地提出了职业生涯发展“三三三制”理论。

职业生涯发展“三三三制”理论具有个性化、弹性化、开放化等特点，它不同于西方的职业生涯发展理论，将职业生涯发展阶段按年龄硬性地划分。该理论的第一个“三”主要是将人的职业生涯分为三大阶段：输入阶段、输出阶段和淡出阶段。每个阶段都有相应的任务，如表 2 - 2 所示。

表 2 - 2 职业生涯发展“三三三制”理论的第一个“三”阶段

阶段	输入阶段（从出生到就业前）	输出阶段（从就业到退休）	淡出阶段（退休前后）
主要任务	输入信息、知识、经验、技能；为就业做重要准备；认识环境和社会，锻炼自己的各种能力	输出自己的智慧、知识、服务、才干；进行知识的再输入、经验的再积累、能力的再锻炼	精力衰退，但阅历渐丰，经验渐多，逐步退出职业，适应角色的转换

第二个“三”主要是将输出阶段分为三个子阶段：适应阶段、创新阶段和再适应阶段。每个阶段个人的工作状态和职业环境状态如表 2－3 所示。

表 2－3　职业生涯发展“三三三制”理论的第二个“三”阶段

输出阶段	个人的工作状态	职业环境状态
适应阶段	对领导，要服从指挥；对同事，要协同工作；对自己，要表现出色	适应工作中的软硬环境，个体与环境、个体与同事相互适应，进入职业角色
创新阶段	独立承担工作任务，努力做出创造性贡献，提出合理化建议	受到领导和同事的认可，进入事业辉煌时期
再适应阶段	工作出色获得晋升；发展空间小而原地踏步；自身骄傲或工作差错而受到批评	个体要调整心态，适应已经变化的环境：此时属于职业状态分化时期，领导和同事的看法不一

第三个“三”主要是将再适应阶段分为三种情况：顺利晋升、原地踏步和降到谷底。在该阶段，每种情况所要面对的职业状态如表 2－4 所示。

表 2－4　职业生涯发展“三三三制”理论的第三个“三”阶段

再适应阶段	职业状态
顺利晋升	面临新工作环境的挑战、新工作技能的挑战、原同级同事的嫉妒、领导提出的新要求，表面的风光隐藏着一定的职业风波
原地踏步	“倚老卖老”、不求上进的状态出现，常说的话是“我早就干（想）过”，对同事容易冷嘲热讽，此时更适合进行职业平移或变更
降到谷底	由于个体原因或客观原因，遭受上级批评，或受降级处分，工作状态跌入谷底，此时如果能重新振奋精神，就有希望进入第二次“三三三制”发展状态

个体可以提前了解每个阶段的任务和状态，这对自身今后快速适应和融入职业环境、进入工作状态、取得职业成功有着至关重要的作用。

视频　职业生涯决策理论

第三节　职业生涯决策理论

决策是为达到某一目的，对若干可行方案进行分析、比较、判断，从中选择较优方案的过程，是在权衡各种矛盾、因素的相互影响后做出的选择。

职业生涯决策可以理解为在职业生涯过程中所做的决策或选择。

职业生涯决策贯穿人们的整个职业生涯过程中。例如，填报高考志愿时的专业选择，大学学习时的选修课程选择，毕业时的就业地点选择等。不同的人在进行职业生涯决策时表现出的风格各不相同。

一、职业生涯决策风格

风格是指不同的人在做事方式上所表现出来的习惯偏好。决策风格是影响决策结果与决策效率的一个重要因素。丁克里奇通过访谈研究，将人们进行职业生涯决策时所采用的风格归结为八类。

（一）冲动型

抓住遇到的第一个选择，不再考虑其他选择或搜集信息。其想法是“先决定，以后再考虑”。比如，先找到一份工作干着再说。这种职业生涯决策风格的结果风险较大，当看到有更好的选择时会追悔莫及。

（二）宿命型

将决定留给境遇或命运，迷信“我这个人永远不会走运”，常表现得无力和无助，人生态度消极低沉。这种决策风格的人容易成为环境的“受害者”。

（三）顺从型

顺从别人的计划而不是独立地做出决定。相信“他们都觉得好，我就觉得好”。这种职业生涯决策风格的人固然在追随群体的过程中获得了一种安全感，但忽略了自身的独特性，其选择可能会在很大程度上并不适合自己。

（四）延迟型

把问题往后推迟。比如“我还没有准备好工作，所以打算先考研”。这种职业生涯决策风格的人总是希望也许事情过几天就自动解决了。

（五）烦恼型

过度搜集信息，使用信息时又顾虑重重，反复比较，不够果断，心境表现常常是“我就是拿不定主意”。

（六）直觉型

因为“感觉是对的”而做决策，但不能说明原因。直觉对人们在无法获得充分信息的环境中会有效，但可能不符合事实。

（七）麻木型

接受做决策的责任，但是感觉过于焦虑而不能对决策做出有建设性的工作。他们知道自己应该开始了，但内心深处总是笼罩着“一想到就害怕”的阴影。最终无法真正为决策行动和决策结果承担责任。

（八）计划型

使用如同标准化的决策模型所推荐的理性策略。

上述八种职业生涯决策风格没有绝对的优劣之分，各有其适用范围和局限性。例如，直觉型决策风格反映了决策者能够迅速提取相关信息，或者是反应较快的理性决策者。顺从型决策风格者有依赖他人的倾向，但也会把个人的认知偏差降到最小。决策风格既受到个性的影响，又受到环境的塑造，并非绝对无法改变。

决策风格对一个人做事的效果影响很大，了解自身决策风格就能做到知己知彼、扬长避短。

根据个体对“自己”和“环境”的认知情况，还可以将上述八种职业生涯决策风格进行如表 2 - 5 所示的划分。

表 2 - 5 丁克里奇职业生涯决策风格表

环境	自己	
	未知	已知
未知	困惑和麻木性决策 烦恼型、延迟型、麻木型	直觉性决策 冲动型、直觉型
已知	依赖性决策 顺从型、宿命型	信息性决策 计划型

案例 毛泽东决策抗美援朝

案例讲解 决策莽撞的山羊

二、职业生涯决策的基本原则

职业生涯决策是职业生涯规划中必不可少且至关重要的环节，几乎贯穿职业生涯规划的整个过程，能否做好职业生涯决策影响着职业生涯规划是否科学合理，职业能否取得成功。因此，在职业生涯决策过程中要把握一定的原则。

（一）职业生涯决策需要结合自身条件

职业生涯决策要根据自身的性格、能力、特长和兴趣等因素来确定，如果个体对所从事的职业没有兴趣，而且职业不符合自己的性格与特长，那么工作就不能顺利地开展。

案例讲解 选择哪一个？

（二）职业生涯决策要考虑实际情况，并具有可执行性

职业生涯决策要从实际情况出发，找到关键点。抛开眼前事物之间千丝万

缕的联系，找到最需要解决的问题，然后做出选择，并且要考虑可执行性。

（三）职业生涯决策必须有可持续发展性

职业生涯决策贯穿职业生涯规划的整个过程，每一个决策之间都相互关联、相互影响。因此，做决策时必须考虑其发展性。例如，在做目标决策时，要将总体目标合理划分为若干阶段性目标，当一个阶段性目标实现之后，再接着实现下一个目标，并且前一个目标的实现要有利于后一个目标的完成。目标的分解是一个决策过程，而前后目标之间建立怎样的关系也是一个决策过程，能否有效地实现每一个目标，取决于决策是否具有可持续发展性。

第四节　认知信息加工理论

认知信息加工理论（cognitive information processing，CIP）是由彼得森等人提出的。

一、基本观点

认知信息加工理论认为，生涯发展是关于一个人如何做出生涯决策以及在生涯决策过程中如何使用信息。做出生涯选择是一项解决问题的活动，生涯决策需要动机，有赖于我们想什么、如何想，而生涯决策的质量有赖于我们学习和掌握做出生涯决策所需的技能。所以，通过改进认知信息加工技能，可以提高个体的生涯管理能力。

二、通用信息加工技能的五个环节

通用信息加工技能由五个环节构成：沟通（communication，C）、分析（analysis，A）、综合（synthesis，S）、评估（valuation，V）和执行（execution，E），简称 CASVE。五个环节构成了决策循环，如图 2－2 所示。

（一）沟通

个体意识到理想与现实之间存在差距，于是意识到有做出职业选择的需要。这一步是决策的开始，个人如果没有意识到自己的需要，后面的步骤则无从谈起。沟通包括内部沟通和外部沟通。内部沟通包括情绪信号和身体信号，比如，你接收到的信息对你的职业计划带来的焦虑感（不满、厌烦、失望）；外部沟通包括教师、父母、媒体传递给你的有关就业不容乐观的信息等。

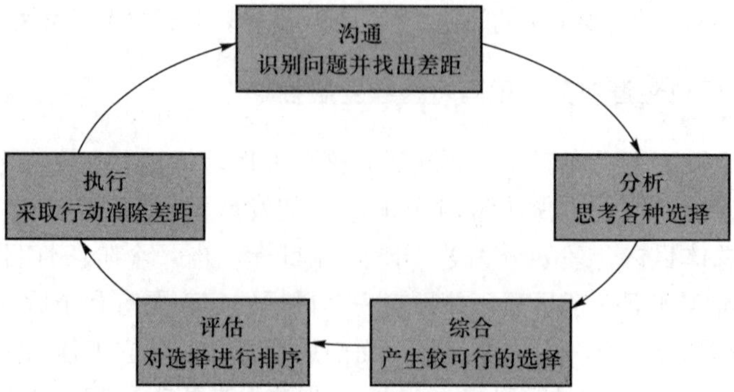

图 2-2 CASVE 循环图

（二）分析

将问题的各组成部分相互联系起来，对现状进行评估，对所有的信息进行分析。检查自我知识和职业知识领域，改善自己在兴趣、技能、价值观、职业观念、学习机会、工作组织、行业类型等方面的知识，考虑和分析可能影响职业决策的积极或消极的想法。分析的目的在于避免决策时冲动、盲目行事。

（三）综合

把分析阶段所提供的各种信息放在一起，进行综合和加工，制定解决问题或消除差距的行动方案。在此阶段，个体首先要搜索查找各种解决问题的可能性，扩展解决问题的选项，对每一个选项进行思考。然后再逐步缩小选项的范围，保留最好的，通常要缩减到 3～5 个。

（四）评估

从可行性和满意度两方面评估保留下来的方案，并按照评估结果予以排序，得出最终的选择。在评估过程中，每个人都必须面对这样的抉择：首先，对个人而言，哪个选择是最好的；其次，对生活中的重要他人，如父母亲友而言，哪个选择是最好的；最后，对社会而言，哪个选择是最好的。每一种选择都要从对自己和对他人的代价与利益两方面进行考虑。在排序时，把能够最有效地消除在沟通阶段所确定的、存在于现实与理想之间差距的那个选择排在第一位，次好的选择排在第二位，以此类推。

（五）执行

执行是 CASVE 循环的最后一个环节，它意味着对做出的选择付诸积极行动并解决在沟通阶段所确定的职业问题。需要注意的是，决策是一个循环过程，也就是说，在执行之后，还需要对自己的决定及其结果进行评估，由此可能进入新一轮的决策过程。

以上是对认知信息加工理论的介绍。认知信息加工理论重视个人生涯发展的历程及抉择，重视决策过程中对个人价值观的了解和澄清，认为个人主观的价值评价是最重要的决策依据。

第五节　人职匹配理论

人职匹配理论就是人的特质与职业成功所需要的条件相互匹配。人职匹配理论用来指导大学生选择职业方向和确定职业目标。下面重点介绍特质—因素理论和人格类型理论两种人职匹配理论。

案例讲解　最好的板凳

一、特质—因素理论

特质—因素理论是职业选择中最早提出的，也是最基本的理论，至今仍对生涯辅导有着重要的指导意义。它由美国学者帕森斯在其出版的《职业的选择》一书中提出：“一种明智的职业生涯选择需要具备三个条件（要素）：一是清楚地了解自己的态度、能力、兴趣等特征；二是要对不同行业的工作要求、能力要素、优缺点、薪酬水平、发展前景有较明确的认识；三是在上述的两组要素之间进行最佳搭配。”[①]

帕森斯的理论内涵是，在清楚认识、了解个人的主观条件和社会职业岗位的需求条件的基础上，将主客观条件与社会职业岗位相对照、相匹配，最后选择一个与个人匹配的职业。

帕森斯认为，职业与人的匹配分为两种类型：条件匹配和特长匹配。

（1）条件匹配。即所需专门技术和专业知识的职业与掌握该种专门技术和专业知识的择业者相匹配。例如，做医生需要掌握医学知识，做教师需要获得教师资格证书，等等。

（2）特长匹配。如会计、出纳、精算师等职业的工作者要有较强的计算能力；工程师、建筑师等职业的工作者要具备空间判断能力；飞行员、运动员、舞蹈演员等职业的工作者则要具备手眼协调能力。

视频　人职匹配理论

特质—因素理论后来由著名职业咨询专家威廉姆森等人进一步发展和定型。该理论强调个人具有的特性与职业需要的素质与技能（因素）之间的协调和匹配。为了对个体的特性进行深入详细的了解，特质—因素理论十分重视人才测评的作用。可以说，用该理论进行职业指导是以对人的特性的测评为基本前提

① 叶晓倩. 职业生涯规划与管理［M］. 武汉：武汉大学出版社，2018：26.

的。它首先提出了在职业决策中进行人职匹配的思想。故这一理论奠定了人才测评的理论基础，推动了人才测评在职业选拔与指导中的运用和发展。

二、人格类型理论

约翰·霍兰德是美国约翰斯·霍普金斯大学的心理学教授，著名的职业指导专家。他于 1959 年在特质—因素理论的基础上提出了具有广泛社会影响的人格类型理论，也称为职业兴趣理论。

（一）人格类型理论的主要内容

该理论认为，职业选择是人格的一种表现，某一类型的职业通常会吸引具有相同特质的人，这种人格特质反映在职业上就是职业兴趣。职业兴趣可以提高人们的积极性，促使人们积极、愉快地从事该职业。

1. 六种人格类型

根据职业兴趣，霍兰德将劳动者划分为社会型、企业型、常规型、现实型、研究型和艺术型六种类型。

（1）社会型（S）。共同特点：喜欢与人交往，不断结交新朋友，善言谈，愿意教导别人；关心社会问题，渴望发挥自己的社会作用；寻求广泛的人际关系，比较看重社会义务和社会道德。

典型职业：可从事提供信息、启迪、帮助、培训、开发或治疗等事务的工作，如教育工作者（教师、教育行政人员）和社会工作者等。

（2）企业型（E）。共同特点：追求权力、权威和物质财富，具有领导才能；喜欢竞争，敢于冒风险，有野心、抱负；为人务实，习惯以利益得失、权力、地位、金钱等衡量做事的价值，做事有较强的目的性。

典型职业：可从事要求具备经营、管理、劝服、监督和领导才能的工作，如项目经理、销售人员、营销管理人员、政府官员、企业领导、法官、律师等。

（3）常规型（C）。共同特点：尊重权威和规章制度，喜欢按计划办事，细心、有条理，习惯接受他人的指挥和领导，自己不谋求领导职务；喜欢关注实际和细节情况，通常较为谨慎和保守，缺乏创造性，不喜欢冒险和竞争，富有自我牺牲精神。

典型职业：可从事要求注意细节、精确度、有系统条理性，具有记录、归档、组织数据和文字信息的职业，如秘书、办公室人员、记事员、会计、行政助理、图书馆管理员、出纳、打字员、投资分析师等。

（4）现实型（R）。共同特点：愿意使用工具从事操作性工作，动手能力强，做事手脚灵活，动作协调；偏好具体任务，不善言辞，做事保守，较为谦虚；缺乏社交能力，通常喜欢独立做事。

典型职业：可从事使用工具、机器，需要基本操作技能，要求具备机械方面的才能和体力的工作，或从事与物件、机器、工具、运动器材、植物、动物相关的工作，如技术性职业（计算机工程师、摄影师、制图员、机械装配工）和技能性职业（木匠、厨师、技工、修理工、农民）等。

（5）研究型（I）。共同特点：思想家而非实干家，抽象思维能力强，求知欲强，肯动脑，善思考，不愿动手；喜欢独立的和富有创造性的工作；知识渊博，有学识，不善于领导他人；考虑问题理性，做事有条理，喜欢逻辑分析和推理，不断探讨未知的领域。

典型职业：可从事智力的、抽象的、分析的、独立的定向任务，要求具备智力或分析才能，并将其用于观察、预测、衡量、形成理论、最终解决问题的工作，如科学研究人员、教师、工程师、电脑编程人员、医生、系统分析员等。

（6）艺术型（A）。共同特点：有创造力，乐于创造新颖、与众不同的成果，渴望表现自己的个性，实现自身的价值；做事理想化，追求完美，不注重实际；具有一定的艺术才能和个性，善于表达。

典型职业：可从事要求具备艺术修养、创造力、表达能力和直觉，并将其用于语言、行为、声音、颜色和形式的审美、思索和感受的工作，如艺术类（演员、导演、艺术设计师、雕刻家、建筑师、摄影师、广告制作人）、音乐类（歌唱家、作曲家、乐队指挥）和文学类（小说家、诗人、剧作家）工作。

2. 六种类型的内在关系

大多数人并非只符合一种类型（比如一个人很可能同时符合社会型、现实型和研究型）。霍兰德认为，这些类型越相似，相容性越强，则一个人在选择职业时所面临的内在冲突和犹豫就会越少。为了帮助描述这种情况，霍兰德建议将这六种类型分别放在一个正六边形的一角（如图 2-3 所示），称为霍兰德职业兴趣六边形。

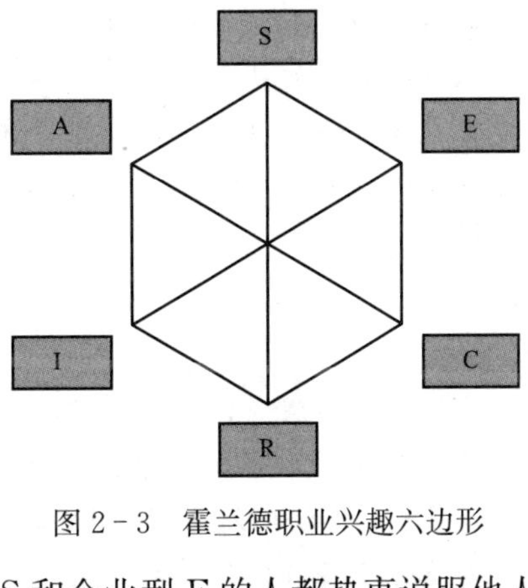

图 2-3 霍兰德职业兴趣六边形

从图 2-3 中可以看出，每一种类型与其他类型之间存在不同程度的关系，大体可描述为 3 类：

（1）相邻关系。如 RI、IA、AS、SE、EC、CR。属于这种关系的两种类型的个体之间共同点较多，例如，现实型 R 和研究型 I 的人都喜欢安静，不太喜欢人际交往；研究型 I 和艺术型 A 的人在思想上比较独立，不会人云亦云；艺术型 A 和社会型 S 的人做事比较灵活，不太拘泥于常规；社会型 S 和企业型 E 的人都热衷说服他人，乐于人际交往；企业型 E 和常规型 C 的人都比较看重他人的赞许；常规型 C 和现实型 R 的人做事都比较细致，能够按部就班地工作。

(2) 相隔关系。如 RA、RE、IC、IS、AE、SC。属于这种关系的两种类型的个体之间的共同点较相邻关系少。由于影响职业选择的因素是多方面的，不会完全依据职业兴趣，还要参照社会的职业需求以及获得职业的现实可能性。因此，如果不能选择最适合自己的职业兴趣类型，则可以退而求其次，选择相隔的职业兴趣类型对应的职业。

(3) 相对关系。如 RS、IE、AC。相对关系的两种类型的个体之间的共同点少，甚至具有相反的特质，例如，现实型 R 与社会型 S 的人在是否主动与他人交往上是相反的，研究型 I 与企业型 E 的人在是否影响他人思想方面是相反的，艺术型 A 与常规型 C 的人在遵守规范方面是相反的。个体在不得已而选择相对关系的职业兴趣类型时，往往适应起来相对较难，取得事业成功的可能性相对较小。

3. 六种环境类型

工作环境分为六种类型，其名称及性质与职业兴趣类型一致。工作环境类型吸引具有相同特征的人格类型的个体。

人格类型与环境类型匹配度越高，工作满意度、职业稳定性和职业成就感就越强。

（二）利用人格类型理论选择自己的职业

霍兰德以人格类型理论为基础，编制了职业偏好量表。

视频 霍兰德职业偏好量表

实践 霍兰德职业偏好量表

本测验共有七个部分，每部分测验都没有时间限制，但请您尽快按要求完成。

第一部分 你心目中的理想职业（专业）

你对未来的职业（或升学进修的专业）也许早有考虑，它可能很抽象、很朦胧，也可能很具体、很清晰。无论是哪种情况，请把你最想做的三种工作或最想修读的三种专业，按顺序写下来。

1. ____________________

2. ____________________

3. ____________________

这代表了你想成为什么样的人。下面的测评会显示你现在的实际情况。

第二部分 你喜欢或感兴趣的活动

表 2-6 中有 6 列活动，把每一列中你喜欢或感兴趣的活动挑选出来，统计数量并填在表格的最后一行。

表 2-6 对喜欢或感兴趣的活动打分表

	R型	I型	A型	S型	E型	C型
	装配、修理电器或玩具	读科技图书和杂志	素描、制图或绘画	参加学校或单位组织的正式活动	说服、鼓励他人	整理桌面和房间
	修理自行车	在实验室工作	参加话剧、戏剧	参加某个社会团体或俱乐部活动	买卖东西	抄写文件和信件
	用木头做东西	改良水果品种，培育新的水果	设计家具、布置室内	帮助别人解决困难	谈论政治	为领导写报告或公务信函
	开汽车或摩托车	调查了解土壤和金属等物质的成分	练习乐器、参加乐队	照顾儿童	制订计划、参加会议	检查个人收支情况
	用机器做东西	研究自己选择的特殊问题	欣赏音乐或戏剧	出席晚会、联欢会、茶话会	以自己的意志影响别人的行为	参加打字培训班
	参加木工技术学习班	解算术题或玩数学游戏	看小说、读剧本	和大家一起郊游	在社会团体中担任职务	参加文秘等实务培训
	参加制图、绘图学习班	上物理课	从事摄影创作	想获得关于心理学方面的知识	检查与评价别人的工作	参加商业会计培训班
	驾驶卡车或拖拉机	上化学课	写诗或吟诗	参加讲座或辩论会	结交名流	参加信息处理培训班
	参加机械和电气学习班	上几何课	进行艺术（美术、音乐）培训	观看或参加体育比赛和运动会	指导有某种目标的团体	整理信件、报告、记录等
	装配、修理机器	上生物学课	练习书法	结交新朋友	参与政治活动	写商务贸易信
数量统计						

第三部分 你擅长或胜任的活动

表2-7中有6列活动，把每一列中你擅长或胜任的活动挑选出来，统计数量并填在表格的最后一行。

表2-7 对擅长或胜任的活动打分表

	R型	I型	A型	S型	E型	C型
	能使用电锯、电钻和锉刀等木工工具	懂得真空管或晶体管的作用	能演奏乐器	有向各种人说明解释的能力	担任过学生干部并且干得不错	会熟练地录入中文
	知道万用表的使用方法	能列举三种含蛋白质较多的食品	能参加二部或四部合唱	常参加社会志愿活动	工作上能指导和监督他人	会用外文打字机或复印机
	能够修理自行车或其他机械	理解铀的裂变	能独唱或独奏	能和大家一起友好相处	做事充满活力和热情	能快速记笔记和抄写文章
	能够使用电钻、磨床或缝纫机	能用计算尺、计算器、对数表	能扮演剧中角色	善于与年长者相处	能有效调动他人	善于整理、保管文件和资料
	能给家具和木制品刷漆	会使用显微镜	能创作简单的乐曲	会邀请别人来做客	销售能力强	善于从事事务性工作
	能看懂建筑设计图	能找到三个星座	会跳舞	能简单易懂地教育儿童	曾作为俱乐部或社团的负责人	能基本使用计算机
	能够修理简单的电气用品	能独立进行调查研究	能绘画、素描或书法	能安排会议等活动顺序	向领导提出建议或反映意见	能在短时间内分类和处理大量文件
	能修理家具	能解释简单的化学变化	能雕刻、剪纸或泥塑	善于体察人心和帮助他人	有开创事业的能力	能综合运用计算机，熟练性强
	能修理收录机	理解人造卫星为什么不落地	能设计板报、服装或家具	帮助护理病人和伤员	知道如何成为一个优秀的领导者	能搜集数据
	能简单地修理水管	经常参加学术会议	写得一手好文章	安排社团组织的各种事务	健谈善辩	善于为自己或集体做财务预算表
数量统计						

第四部分 你喜欢的职业

表2-8中有6列职业，把每一列中你喜欢的职业挑选出来，统计数量并填在表格的最后一行。

表2-8 对喜欢的职业打分表

	R型	I型	A型	S型	E型	C型
	飞机机械师	气象学或天文学家	乐队指挥	街道、工会或妇联干部	厂长	会计师
	野生动物专家	生物学家	演奏家	小学、中学教师	影片制作人	银行出纳员
	汽车维修工	医学实验室的技术人员	作家	精神病医生	公司经理	税收管理员
	木匠	人类学家	摄影家	婚姻介绍所工作人员	销售员	计算机操作员
	测量工程师	动物学家	记者	体育教练	不动产推销员	簿记员
	话务员	化学家	书法家、画家	福利机构负责人	广告经理	成本核算员
	园艺师	数学家	歌唱家	心理咨询师	体育活动主办者	文书档案管理员
	长途公共汽车司机	科学杂志的编辑或作家	作曲家	共青团干部	销售经理	打字员
	电工	地质学家	演员	导游	个体、工商业者	法庭书记员
		物理学家		国家机关工作人员	企业管理咨询人员	人口普查登记员
数量统计						

第五部分 自我评分

表2-9和表2-10是自我评分表。目的是看你的哪项能力更突出。把六种能力排序并打分（1—7分），最高分为7分，最低分为1分，数字越大，表示能力越强。注意每个人的每项能力不可能完全相同，因此请认真考虑和权衡，尽量避免打相同的分数。之后给出你的评分并填在表中。

表 2-9 自我评分表（A）

	R型（机械操作）	I型（科学研究）	A型（艺术创作）	S型（解释表达）	E型（商业洽谈）	C型（事务执行）
评分：1—7分						

表 2-10 自我评分表（B）

	R型（体育技能）	I型（数学技能）	A型（音乐技能）	S型（交际技能）	E型（领导技能）	C型（办公技能）
评分：1—7分						

第六部分 统计和确定职业倾向

把第二部分至第五部分的数量和评分填入表 2-11 中，并计算每一列的总分。总分代表了职业兴趣的大小，可以按照职业索引查找职业建议。

表 2-11 汇 总 表

	R型	I型	A型	S型	E型	C型
第二部分						
第三部分						
第四部分						
第五部分 A						
第五部分 B						
总分						

排在前三位的职业性向：1. ________；2. ________；3. ________。按职业索引查询职业建议。

链接 职业索引

链接 结果分析方法

第七部分 你还看重什么——职业价值观

表 2-12 中列出了九种人们在选择工作时通常会考虑的因素。请选择两项你最看重的因素：(1) ________；(2) ________。

表 2-12 职业价值观

1. 工资高、福利好	2. 工作环境（物质方面）舒适	3. 人际关系良好
4. 工作稳定、有保障	5. 能提供较好的受教育机会	6. 有较高的社会地位
7. 工作不紧张、外部压力少	8. 能充分发挥能力特长	9. 社会需要与社会贡献大

（三）人格类型理论的价值

人格类型理论主要从职业兴趣的角度来探索职业指导的问题，明确提出了职业兴趣的人格观，使人们对职业兴趣的认识有了质的变化。霍兰德长期专注于职业指导的实践经历，把对职业环境的研究与对职业兴趣个体差异的研究有机地结合起来，这种结合对职业指导和职业咨询的实际操作起到了促进作用。

霍兰德将人格类型理论运用于美国劳工部制定的职位词典，借助其中职业分析的有关内容，将其中 12 099 种职业赋予霍兰德人格类型代码，《霍兰德职业代码词典》为各类人员按照自己的职业兴趣类型寻找合适的职业提供了广泛的应用前景。

霍兰德还提出，兴趣是描述人格的另一种方法，是职业选择中一个更为普遍的概念。在霍兰德的人格类型理论中，人格被看作兴趣、价值、需求、能力、信仰、态度和学习个性的综合体。就职业选择而言，职业兴趣是个体和职业匹配的过程中最重要的因素。霍兰德提出了最具影响力的职业发展理论和职业分类体系，其主要价值在于：

1. 有利于企业招募人才

职业兴趣由职业的多样性和复杂性反映出来。职业兴趣方面的个体差异是相当大的，也是十分明显的。因为一方面，现代社会的职业划分越来越细，社会活动的要求和规范越来越复杂，各种职业间的差异也越来越明显，所以对个体的吸引力和要求也迥然不同；另一方面，个体自身的生理、心理、教育、社会经济地位等因素不同，其乐于选择的职业类型、所倾向从事的职业活动类型和方式也不同。

不同职业的社会责任、工作特点、工作风格、考评机制各不相同。这种差异决定着不同职业对于员工的职业兴趣有着特殊的要求。现代人力资源管理的基本原则是将合适的人放在合适的岗位上。人与职位的匹配应该包括两方面的内容：一是人的知识、能力、技能与岗位要求相匹配；二是人的性格、兴趣与岗位相适应。后者更为重要。因此，企业在招募新员工时，非常有必要对申请在本企业工作的人员进行职业兴趣测评，了解应聘者的人格类型。通过测试，企业可以得知自己所能提供的职业环境是否与应聘者的职业兴趣类型相匹配。换句话说，企业可以了解应聘者是否适合在本企业工作。所以，企业在招募人才的过程中，如果能够坚持以霍兰德的人格类型理论为指导，不仅可以在招聘工作中减少盲目性，招募到合适的人才，还可以给予新员工最适合的工作环境，以期其在工作中最大程度地发挥聪明才干。

2. 有利于个体职业选择和职业成功

职业兴趣是职业选择中最重要的因素，是一种强大的精神力量，它可以帮助个体明确自己的主观性向，从而在最适宜的活动情境中施展才华。根据人格类型理论，个体的职业兴趣可以影响其职业满意度。当个体所从事的职业和他的职业兴趣类型相匹配时，个体的潜在能力可以得到最充分地发挥，工作业绩也更加突出。在职业兴趣测试的帮助下，个体可以清晰地了解自己的职业兴趣类型和在职业选择中的主观倾向，从而在纷繁的职业机会中找寻到最适合自己的职业。尤其是对于大学生和缺乏职业经验的人，人格类型理论可以帮助个体做好职业设计和职业选择，成功地进行职业调整，从整体上认识和发展自己的职业能力，从而获得职业成功。

理解·反思·探究

1. 尝试制订一份自己的职业生涯规划。
2. 结合本章内容，尝试分析你的职业锚类型。
3. 你属于哪一种职业生涯决策风格？你的职业生涯决策风格将会对你的职业生涯规划产生哪些影响？
4. 根据人格类型理论，分析你适合从事哪一类职业。

生涯启航

马克思主义是指引人们创造美好生活的行动指南。马克思主义理论虽然没有直接系统地论述个体职业生涯发展规划，但从其关于人的全面发展、劳动价值、社会分工、自由个性等理论中，可以提炼出对个体职业生涯发展规划具有指导意义的思想内核。马克思主义认为，人的全面发展是未来社会的基本原则，指个体在体力、智力、个性、社会交往能力等方面的充分、自由发展，而非“单向度”地被某种职业或社会关系所束缚。这对职业生涯发展规划的启示就是超越“工具理性”，避免将职业仅视为谋生手段或社会地位的象征，而应将其作为实现自身潜能和社会价值的途径。例如，选择职业时不仅考虑薪资待遇，更要关注是否能促进个人能力的提升、是否符合自身的兴趣与理想。

第三章 自我认知

自我认知是自我意识的主要内容，职业生涯规划的自我认知是指正确客观地认识和评价自我。自我认知在人的心理健康中起着很重要的作用，它制约着人格的形成、发展，在人格的实现中有着强大的动力功能。因此，自我认知对于大学生的成长成才至关重要。理解自我认知是进行职业生涯规划和实现职业理想的重要因素之一。

本章从自我认知的内容和方法方面，阐述兴趣、性格、能力、价值观与职业的关系，帮助学习者进行自我认知。

第一节　自我认知的内容和方法

科学地规划职业生涯，有利于促进大学生成长成才，因此，大学生必须做好个人未来规划。对于大学生而言，做好职业生涯规划首先要客观地认识自我，了解自己的职业兴趣、职业能力、行为风格、职业价值观、个性特征等，清楚自己喜欢干什么、能够干什么、最看重什么、适合干什么。之后准确进行职业定位，做到个人与岗位的最佳匹配，从而在激烈的社会竞争中实现最大的人生价值。

一、自我认知的内涵

视频　自我认知的内涵

自我认知是个体对自己存在的觉察，包括对自己的行为和心理状态的认知，是正确客观地认识和评价自我，是自我意识的主要内容。自我认知影响个体人格的形成、发展，在人格的实现中有着强大的动力功能。

自我认知的内涵可从以下三个方面来理解和认识：

（1）知道自己、了解自己、确定自己。自我认知是个体走向成熟的必经之路。知道自己是对自我的全面认知与塑造，其中包括对自己的兴趣、性格、能力、价值观等各方面的综合判断与思考。只有知道自己，才能了解自己的特质、能力及发展方向，继而确定自己。这样在择业时，个体才能较好地做出决策，而不是盲目地选择职业。

（2）以价值观为核心的自我素质教育。择业时的一些硬件条件固然重要，但是能否在工作岗位上真正长期地发挥作用，关键是个体以价值观为核心的自我素质教育。“认识你自己”是一个人需要终身考虑的问题，但对当代大学生而言，大多数个体乐于从众、服从权威，这些都不利于自身综合素质的提高。因此，个体应自觉强化自我认知意识，不断反思自身价值观的形成与变化过程，促进自我成长，以便在日益多元化且竞争激烈的社会环境中走出一条个性化的发展道路。

（3）自我认知是一个长期的过程。自我认知是一个需要个体终身不断把握、调整的过程。大学阶段是进行自我认知、不断反思与反省的最佳时期。只有在养成自我认知习惯的基础上，才会建立起真正的自信，才有能力不断调整与把握自己未来发展的大方向，从而不至于在面对社会竞争压力时，自我评价忽高忽低，影响自身成长。

案例讲解　自画像：我是一个什么样的人？

案例

有一名服装专业的学生，他的目标就是当一名世界知名设计师。毕业后，他找了一份工作，天天学习服装设计，并且积极参加比赛。这样过了5年，他却没有获过一次奖项。他很苦恼，决定向知名设计师请教。设计师让他拿一份设计稿来看看，可看到后却目瞪口呆。这个年轻人虽执着，但服装设计一塌糊涂。设计师无可奈何地告诉他："你现在的设计还达不到获奖水平。"可这位学生却认为："我热爱服装设计，我用心工作，你却认为我设计得不好!"说罢，就气呼呼地走了。

这名学生虽然有雄心壮志，但他对自己的目标与自身的能力没有一个准确的认识。因此，无论他多么努力，都很难成功。

二、自我认知的过程

自我认知是一个复杂的过程。俗话说，知人难，知己更难。对于大学生而言，只有真正认识自我，才能更为准确地评价自己，为自己选择适合的发展目标，确定适合的发展方向。在自我认识的过程中，不要过高地估计自己，认为专业热门、成绩优秀、能力很强、荣誉证书一大堆就把自己的就业标准定得过高，非"大"（大企业、大城市）不去，非高工资不去。要知道天外有天，人外有人，千万不要自以为是。有些大学生在选择工作时期望值太高，最终导致求职失败。自我认知的过程包括：

（1）自我认识。一个人只有在充分而且正确认识到自身条件及相关的环境状况时，才有可能做出正确的决策。

（2）自我接纳。每个人的人生之路必然与其所想象、设计的有所偏差，只有坦然面对自己的长处和短处，并对自己的行为和未来负责，才能谋求更好的发展。

（3）自我发展。个体要通过不断地自我认识、分析和接纳，不断修正自己，并据此提高能力，从而得到不断的成长与提高。

（4）自我实现。即自我价值的实现。选择合适的价值目标，通过具体的实施方案，把理想和蓝图变为现实。

三、自我认知的内容

由于每个人的成长环境、文化背景、个性类型、价值观、职业生涯目标、对成功的标准等存在差异，个人职业生涯规划有着明显的个性化特征，不同的人在做职业生涯规划时，所考虑的因素也有所不同。著名职业生涯规划专家罗双平总结出职业生涯规划的三大要素，如图3-1所示。

其中，"知己"是自我认识和自我了解；"知彼"是对与职业生涯发展有关的组织环境及相关信息的掌握；"抉择"是在知己、知彼的基础上，再

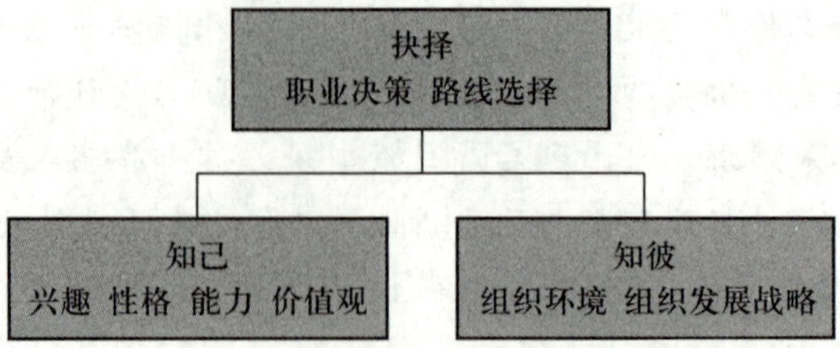

图 3-1 职业生涯规划三大要素间的关系

来确定现实中能充分发挥个人特长，且自身兴趣、性格、能力、价值观与之相匹配的职业目标。下面从客观与主观两方面具体阐述自我认知的内容。

（一）客观方面的自我认知

喜欢干什么——职业兴趣。
能够干什么——职业技能。
最看重什么——职业价值观。
适合干什么——个人特质。

（二）主观方面的自我认知

1. 对物质自我的认知

我的容貌漂亮与否，我的身材完美与否，我的衣着穿戴是否得当，我的健康状况如何，等等。

2. 对精神自我的认知

我聪明吗？智力比别人高吗？我的兴趣和特长是什么？我的性格或脾气如何？内向还是外向？我的信仰是什么？等等。

3. 对社会自我的认知

我是一个好学生、好青年吗？是一个正直、廉洁、高尚、有道德情操的人吗？我属于哪个集体、哪个阶层？我有哪些权利和义务？我是否为社会和集体所需要？我是否为别人所喜爱和尊重？等等。

不同的人有不同的职业适应范围，不同的职业对人也有不同的要求，两方面的最佳结合就是择业者的个人特征与职业对人的要求相匹配。就大学生择业而言，通常通过“职业三倾向”（即职业体力倾向、职业能力倾向和职业个性倾向）评价表现出来。

四、自我认知的方法

自我认知的方法主要包括自我现实分析、心理测评、自省、360°评估和专家咨询法。

（一）自我现实分析

通常，自我现实分析可以采用橱窗分析法、SWOT 分析法、5W 分析法。

1. 橱窗分析法

橱窗分析法也称象限分析法，是自我现实分析的重要方法之一。通过直角坐标系把自我分成四部分，即四个象限，如图 3－2 所示。

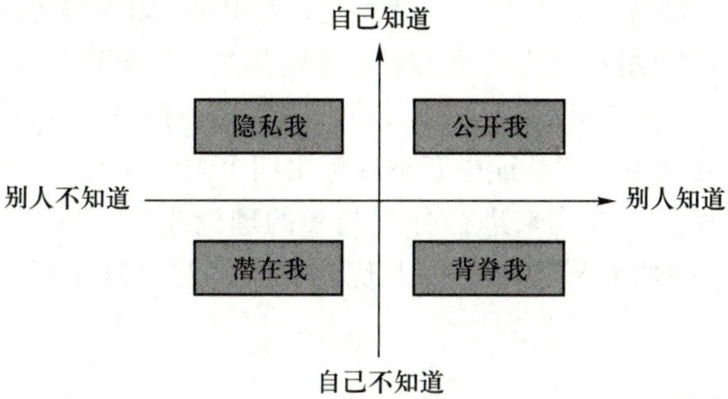

图 3－2　橱窗分析法坐标图

第一象限为“公开我”，属于个人展现在外、无所隐藏的部分；第二象限为“隐私我”，属于个人内在的隐私和秘密的部分；第三象限为“潜在我”，是有待进一步开发的部分；第四象限为“背脊我”，是自己看不到、别人却看得很清楚的部分。个体在进行自我现实分析时，应重点了解第三象限“潜在我”和第四象限“背脊我”两部分。

2. SWOT 分析法

SWOT 分析法经常被用于制定企业战略、分析竞争对手等场合。在职业生涯规划中，可以通过分析个人的优势、劣势、机会和威胁，将内外部条件各方面内容进行综合和概括，进而确定个人的发展方向。

案例

张同学，2023 年考入一所高等职业技术师范学院，为人诚恳，性格温和，有主见，富有创造力，积极进取，具备从教的基本能力；喜欢能让自己静下心来的工作环境；喜欢一切有关计算机方面的知识，结合所学专业及课程，张同学希望从事自动化、电子、电气设备以及计算机控制系统设计、协调、运行等相关领域的中职教师工作。

请结合当前中国宏观经济形势，对其进行个人 SWOT 分析。

3. 5W 分析法

5W 分析法是用五个“W”（what，where，when，who，why）来思考职业生涯规划，具体来说就是要解决职业生涯规划的五个具体问题。可以通过对客观因素和主观因素的深入调查，做可行性分析。具体分析既包括经济发展、政策、制度、职业空间、企业发展等客观因素，也包括朋友关系、社会人脉等主观因素。

（二）心理测评

心理测评是一种力求客观的测量技术或手段，能够在较短的时间内测评出一个人的某方面特点，并且这一特点是在与群体的比较中得出的。

在国际上，常用的人格类型测验是迈尔斯-布里格斯人格类型测验（Myers-Briggs Type Indicator，MBTI），它作为一种对个性的判断和分析，是一个从纷繁复杂的个性特征中归纳提炼出四个关键要素——动力、信息搜集、决策方式和生活方式来进行分析判断的理论模型。MBTI 的意义在于“解释人与人之间的差异现象”以及优化决策，对决策流程“进行理性的干预”。

（三）自省

自省是个体回顾过去的经历，总结过去的经验，对自己的想法、期望、品德、行为等进行理性思考，然后认真描述和判断自己特点的方法。

（四）360°评估

360°评估是指搜集与个体有密切关系的、来自不同层面的人的评价信息，进而全方位地对个体进行评估。包括个体的自我评价，家人评价，同学、朋友评价，教师及其他社会关系评价。

（五）专家咨询法

专家咨询法是借助心理咨询师和职业咨询师认识自我的一种方式。咨询人员会用他的学识、经验以及科学的咨询技术为个体提供帮助。在咨询过程中个体会获得大量的信息资料，收获对自我的重新认识。

第二节 兴趣、性格、能力、价值观与职业的关系

课堂讨论：你的兴趣是什么？请写下 1～3 个你的职业兴趣，并说明理由和根据。

每个人自我发展的过程好像一条美丽的线段，有起点，有终点。在经营自己的美丽人生时，首先要探索和定位自己。正确认识自我是一个人成功开启职业生涯的第一步，只有通过自我探索、不断了解自己的需求，个体的生命力才能得到发挥。

兴趣是成功的重要推动力，美国曾对 2000 多位知名科学家进行调查，

发现他们大多是因为对某一领域有着强烈爱好，进而孜孜以求，忘我工作，最终取得突破；他们的成功和兴趣密不可分。美国著名心理学家威廉·詹姆士说："播下一个行为，收获一种习惯；播下一种习惯，收获一种性格；播下一种性格，收获一种命运。"职业心理学研究表明，性格深远地影响着一个人对职业的适应性。能力是职业成功的重要基础，价值观为职业发展提供方向和动力。可见，兴趣、性格、能力、价值观与职业有着密切关系。

一、兴趣与职业

视频　兴趣与职业

兴趣是指建立在需要基础上，带有积极情绪色彩的认知和活动倾向，是个人对其所处环境中的人、事、物所产生的喜爱程度，是个人力求认识、掌握某事物，并经常参与该种活动的心理倾向。兴趣是人们行动的重要动力，也是成功的重要条件。

职业兴趣是指人们对某种职业活动具有的比较稳定而持久的心理倾向。它是一个人探究某种职业或从事某种职业活动所表现出来的特殊个性倾向，它使个人对某种职业给予优先的注意，并具有向往的情感。由于兴趣爱好的不同，每个人的职业兴趣也有很大的差异。职业兴趣对职业选择和职业发展都有一定的影响。

兴趣的发展一般经历有趣、乐趣、志趣三个阶段。对于职业活动，个体往往基于有趣的选择，逐渐产生工作乐趣，进而与奋斗目标和工作志向相结合，发展成为志趣，表现出方向性和意志性的特点，使自己坚定地追求某种职业，并为之尽心尽力。

良好而稳定的兴趣使个体在从事各种实践活动时，具有高度的自觉性和积极性。当个体根据稳定的兴趣选择某种职业时，兴趣就会转化为个体积极性，促使个体在职业生涯中取得成就。反之，如果个体对所从事的职业不感兴趣，就会影响其积极性的发挥，难以从职业中得到心理上的满足，不利于取得工作上的成就。

值得一提的是，需要是影响职业选择重要且不易觉察的内部因素，动机是在需要的支配下受到外在刺激影响而形成的综合性动力因素，影响着职业选择。兴趣是在需要的基础上受到动机的影响，从而对职业选择产生一定影响的、变化的、较为外在的因素。

当然，也会有相对持久的兴趣作为外部因素对动机的变化发展产生一定作用。例如，一个人缺乏物质生活保障，便会有生理需要、安全需要，从而去工作、劳动，获取报酬，满足自己的需要，因而会对所有能挣钱"糊口"、维持生存的工作感兴趣。当认为某项工作能挣钱、报酬高时，这个人就会强化自己克服种种困难从事该项工作的动机。但若觉察或发现该项工作有生命危险时，便会降低或放弃这种兴趣，减弱从事该项工作的动机。

案例

对于第一份工作，我做得还不错。但不是我喜欢的工作。我是应该继续做好它呢，还是考虑更换喜欢的工作？如何看待兴趣与职业的关系？

（1）没有兴趣，工作不会产生高动力，自然没有高绩效。

（2）兴趣是可以培养的，所谓“先结婚后恋爱”，同样适用于工作。

（3）兴趣可以改变，因为它以人的认知为前提，随着年龄增长，会逐渐发现真正的兴趣所在。

（4）如果兴趣不能转化成能力，就不会有自尊和满足感，兴趣也会逐渐消失。

二、性格与职业

视频 性格与职业

性格是表现在人对现实的态度和相应的行为方式中的比较稳定的、具有核心意义的个性心理特征，它表现在人们对现实和周围世界的态度及其自身的行为举止中。

心理学家很早就在人的性格与职业的对应关系方面进行了科学研究，他们通过各种方法测试个体的性格特点，研究不同典型的性格特征与各种职业的对应、匹配关系，如表 3－1 所示，为个体选择适合自己的职业提供参考。

表 3－1 性格与职业匹配表格

性格特征	相匹配的职业
灵活性、耐受性强，勇敢、沉着	飞行员、消防员、公安人员
偏外倾性，兴奋性偏高，热情、活泼、开朗、温和、善社交	教师、辅导员、专职团干部
偏内倾性，好问、严谨、求实、沉着、独立	科研人员
偏内倾性，顺从、细心，做事有条理	秘书、办公室人员
独立、好胜好强、积极、支配性强	管理人员
胆大、心细、沉着	医生
灵活性强、反应快	驾驶员
偏内倾性，兴奋性偏低，沉着、反应快	外交人员、军人
可塑性强，独立、积极	记者

续表

性格特征	相匹配的职业
兴奋性高、可塑性强、自我表现欲强	演员
偏外倾性，严谨、细心	会计、统计员、出纳、校对、档案管理人员
偏内倾性，兴奋性偏高，热情	营业员
偏外倾性，兴奋性偏高，热情，可塑性强，善于社交	公关人员、采购员、推销员
耐心、细心、审美能力强	工艺美术专业人员
独立、积极、细心	律师
反应快、不厌重复	纺织工、打字员、排版员
不厌重复、做事有条理	机床操作工、装配工、印刷工

性格与职业是彼此制约又互相促进的关系。例如，我国著名数学家陈景润曾在北京市第四中学任教，然而他性格内向，并不适合在需要良好的语言表达能力和沟通技巧的中学执教。但当他调入厦门大学做研究后，他的数学天分得以展现，最终成为“哥德巴赫猜想第一人”。由此可见，个人性格必须与职业相匹配。

案例　性格适应不了职业的要求？

王同学，24岁，上海某大学毕业，现代文秘专业，性格内向，毕业后经过学校推荐进入一家事业单位当秘书，领导也尽量给她安排一些文字性工作。王同学平平淡淡地做了几年秘书工作，稳定安逸，没有来自生活的压力。然而，单位的新领导希望秘书能够与他人沟通。这与王同学的性格相差较大。为了保住这份工作，她只能硬着头皮接待不同的来访人员，这对性格内向的她来说很难适应。王同学感觉到前所未有的职业压力，她想重新找一份工作。

你会建议王同学怎么做？

三、能力与职业

视频　能力与职业

（一）能力的内涵

能力是直接影响人们顺利完成活动的个性心理特征。下面将从一般能力和特殊能力、再造能力和创造能力、认知能力和元认知能力三个方面阐述能力的内涵。

1. 一般能力和特殊能力

这是以能力所表现的活动领域不同进行划分的。一般能力是指在进行各种活动中必须具备的基本能力。它保证了人们可以有效地认识世界，如感知能力（观察力）、记忆力、想象力、思维能力、注意力等。其中，思维能力是核心。

特殊能力又称专门能力，是指顺利完成某种专门活动所必备的能力，如音乐能力、绘画能力、数学能力、运动能力等。各种特殊能力都有其独特的结构。例如，音乐能力是由四种基本要素构成：音乐的感知能力、音乐的记忆和想象能力、音乐的情感能力和音乐的动作能力。这些要素的不同结合，构成了不同音乐家独特的音乐能力。

一般能力和特殊能力相互关联。一方面，一般能力在某种特殊领域得到特别发展时，就可能成为特殊能力的重要组成部分。例如，人的一般听觉能力既存在于音乐能力中，也存在于言语能力中。没有听觉的一般能力的发展，就不可能发展音乐和言语中的听觉能力。另一方面，在特殊能力发展的同时，一般能力也得到了发展。观察力属于一般能力，但在画家的身上，由于绘画能力的特殊发展，其对事物一般的观察力也相应增强。人在完成某种活动时，常常需要一般能力和特殊能力的共同参与。总之，一般能力的发展为特殊能力的发展提供了更好的内部条件，特殊能力的发展也会积极地促进一般能力的发展。

职业既有共性，又有特殊性。职业能力既与一般能力有关，又与特殊能力密不可分。人们从事的某种职业活动都是具体的，因此，个体的职业能力倾向主要是指个体的特殊能力，它表示从业人员为胜任这一职业要求而必备的能力。

2. 再造能力和创造能力

这是按活动中能力的创造性大小进行划分的。再造能力是指在活动中顺利地掌握前人所积累的知识、技能，并按现成的模式进行活动的能力。这种能力有利于学习活动，人们在学习活动中的认知、记忆、操作与熟练能力多属于再造能力。创造能力是指在活动中创造出独特的、新颖的、有社会价值的产品的能力，具有独特性、变通性、流畅性的特点。

再造能力和创造能力是互相联系的。再造能力是创造能力的基础，任何创造活动都不可能凭空产生。因此，为了发展创造能力，个体首先应虚心地学习、模仿、再造。在实际活动中，这两种能力是互相渗透的。

3. 认知能力和元认知能力

这是按活动的认知对象的维度进行划分的。认知能力是指个体接收信息、加工信息和运用信息的能力，它表现在个体对客观世界的认知活动中。元认知能力是指个体对自己的认识过程进行的认知和控制的能力，表现为个体对正在发生的认知活动的认识、体验和监控。认知能力的活动对象是认知信息，而元认知能力的活动对象是认知活动本身，它包括个体怎样评价自己的认知活动，怎样从已知的可能性中选择解决问题的确切方法，怎样集中注意力，怎样及时决定停止做一件无意义的工作，怎样判断目标是否与自己的能力一致等。

（二）能力与职业的关系

能力解决的是“你能做什么”这一问题，是成功地完成某种任务或胜任某项工作的必不可少的基本因素；没有能力或能力低下，都难以达到工作岗位的要求，不能胜任。个体的能力越强，各种能力越是综合发展，就越能促进其在职业活动中的创造和发展，越能取得较好的工作业绩和绩效，越能给自身带来职业成就感。

表 3－2 列出了个体自身能力及适合职业对照表

表 3－2　个体自身能力及适合职业对照表

能力	适合职业
机械记忆能力、模仿能力较强，注意力集中，思维敏捷、反应速度快	刑警、律师、法官、地质工程师、汽车司机、技工
形象思维能力较突出，语言表达能力、写作能力较强，有一定的观察力，并且善于人际交往	中小学教师、记者、导游、翻译、导演、秘书、公关、销售及节目主持人
数理逻辑能力突出，有一定的观察力、模仿力和创造力，动手能力强	科学研究工作者、大学教师、建筑设计师、工程设计师、财务、会计、统计师、审计师
机械记忆能力、模仿能力、操作能力强	图书管理员、化验员、实验员

课堂讨论：如何培养个人能力？

四、价值观与职业

价值观是指一个人对周围客观事物的意义、重要性的总体评价和看法。一方面表现为价值取向、价值追求，凝结成一定的价值目标；另一方面表现为价值尺度和准则，成为人们判断事物有无价值及价值大小的评价标准。

（一）价值观的分类

1. 田崎仁的价值观类型

日本学者田崎仁将职业价值观分为九种类型：

课堂讨论：生活中怎样的经历影响了你的价值观？

（1）独立经营型。独立经营型的人不愿受别人指挥，喜欢凭自己的能力拥有自己的工作和生活领地。

（2）经济型。经济型的人认为“钱可通神”，认为人与人之间的关系是金钱关系。

（3）支配型。支配型也称独断型，这种类型的人想当组织的领导，无视他人的想法。

（4）自尊型。自尊型的人渴望能有较高的社会地位和名誉，希望受到众人尊敬。

（5）自我实现型。自我实现型的人对世俗的观点、利益等并不关心，而是尽力挖掘自己的潜力，施展自己的本领。

（6）志愿型。志愿型的人富有同情心，在帮助他人的过程中获得个体心理上的满足与快乐。

（7）家庭中心型。家庭中心型的人过着十分平凡而安定的生活，为人踏实，生活态度保守，对待职业选择也很慎重。

（8）才能型。才能型的人单纯活泼，重视个人才能的表现与被承认。

（9）自由型。自由型的人在工作时不容易确立目标，不喜欢麻烦他人，喜欢无拘无束、生活随意。

2. 阚雅玲的价值观分类

我国学者阚雅玲将职业价值观分为 11 种类型：

（1）收入与财富。工作能够明显有效地改变自己的财务状况，可以将薪酬作为选择工作的重要依据。

（2）兴趣特长。以自己的兴趣特长作为选择职业最重要的因素，能够扬长避短、趋利避害、择我所爱、爱我所选。

（3）权力地位。有较高的权力欲望，希望能够影响或控制他人，使他人照着自己的意思去行动。

（4）自由独立。在工作中能有弹性，不想受太多约束，可以充分掌握自己的时间和行动。

（5）自我成长。工作能够给予受培训和锻炼的机会，使自己的经验与阅历能够在一定时间内得以丰富和提高。

（6）自我实现。工作能够提供平台和机会，使自己的专业和能力得以全面运用和施展，实现自身价值。

（7）人际关系。将工作单位的人际关系看得非常重要，渴望能够在一个和谐、友好甚至被关爱的环境中工作。

（8）身心健康。工作能够免于危险、过度劳累，免于焦虑、紧张和恐惧，使自己的身心健康不受影响。

（9）环境舒适。工作环境舒适宜人。

（10）工作稳定。工作相对稳定，不必担心经常出现裁员和辞退现象，免于经常奔波找工作。

（11）社会需要。能够根据组织和社会的需要响应某一号召，为集体和社会做出贡献。

（二）价值观与职业的关系

不同的人有不同的价值观，而不同的价值观适合不同的职业或岗位。如果在制订职业生涯规划时，没有考虑自己的价值观，选择了不适合自己的职业，就可能很难在这个岗位上工作下去，当然也就谈不上获得职业成功。

工作价值观通常都是与某种职业紧密相连的，并且工作价值观也可以作为匹配个体自身特质与工作的基础。如果你认为帮助他人有意义，那么你应该从事服务取向的工作；如果你喜欢冒险，那么你可以选择充满刺激的行业；如果你看重安全，那么你应该尽量避免那些高风险的职业。当你认为某项很重要的价值在一项职业里缺失的时候，就会出现职业错位。例如，王某是一位知名医院的脑外科医生，而他本人认为，自己注重的是兼顾家庭和事业，但他工作忙起来就缺乏精力来照顾家庭，因此他非常苦恼。

当前，不少大学生存在着一种相互矛盾的职业价值观：既要收入丰厚，又想工作清闲、环境舒适。持这种职业价值观的学生在就业过程中很容易迷茫、困惑和失败。

不同的人持有不同的价值观，而不同的价值观适合不同的职业或岗位。因此，价值观与职业紧密相连。

理解·反思·探究

1. 自我认知有哪些方法？
2. 写下自己的若干特质，然后分别找父母、教师、朋友等熟悉你的人，请他们列出他们眼中的你的若干特质，与他们进行深入的交流，通过讨论你的特质，探索你的性格类型。
3. 回顾让自己最有成就感的10件事，并分析原因。
4. 你自己的阶段性目标是什么？在实现过程中有怎样的心得？
5. 将感兴趣的事情按吸引力的大小排序，对于最感兴趣的事情你了解多少？这些事情有什么共同特征？聚焦最感兴趣的事情，与其相关的职业是什么？工作内容包括哪些方面？它所需要的资历和必备的技能是什么？达到这个标准需要做哪些工作？

生涯启航

2025年春节喜讯连连。历经5年、追求极致、挑战各种“不可能”的《哪吒之魔童闹海》电影票房创造中国影史纪录；中国初创企业深度求索（DeepSeek）“刷屏”全球，低成本、高效率的大模型颠覆了华尔街、硅谷对人工智能发展路径的认知，彻底开源的理念更是为中国创业者点亮了理想主义的光环。曾经，中国汽车被嘲笑设计老土、做工粗糙。如今，比亚迪的刀片电池、蔚来的永磁同步电机、广汽的超级快充等一系列关键领域的创新，让中国车企强势挤入全球汽车市场前列。更有本土车企零跑凭借“全域自研”实现技术换市场，开启“反向合资”模式。《2024年全球创新指数报告》显示，中国在全球的创新力排名已升至第11位，是世界上进步最快的国家之一。中国在新能源、新材料、生物制造、商业航天领域，新兴产业生机勃勃；在人形机器人、量子计算机、脑机接口、6G网络设备领域，未来产业亮点频现。新一轮创新创业热情正在人工智能、生物科技、商业航天、文化创意等前沿领域奔涌释放。站在百年变局的新起点，不妨重新认识中国创业者，和他们正在塑造的未来中国。

第四章　职业认知

职业作为职业生涯规划中的目标，是整个职业生涯发展过程中所追寻的方向。对于职业的了解和认知，关系到整个职业生涯规划的可行性和可发展性。

在职业认知的过程中，我们除了要了解职业和我们所学专业的关系外，还要了解不同职业的职业要求，以便具备相应的职业素质和职业道德，从而选择适合自己的职业。

本章详细介绍了职业与专业的关系，以及从业所需具备的职业能力，以期帮助学习者准确判断适合自己的职业。

第一节 职业与专业

每个人都生活在由职业编织的世界中，职业伴随着我们成长，每一个自然人都可以通过工作使自己融入社会，结识陌生人，建立人际关系网络，并通过这些人际关系协助自我成长，为社会服务，同时也为自己赢得更好的生活。

一、职业

医生、教师是职业，清洁工、搬运工是职业，公务员、经理人也是职业。职业没有高低之分，但不同的职业需要具备不同的专业知识和能力，也会因创造不同的价值而获得不同的生活资源。毋庸置疑，专业性越强的职业，被替代的可能性就越小。

（一）职业的分类

职业的分类是指采用一定的标准和方法，依据一定的分类原则，对从业人员所从事的各种专门化的社会职业进行全面、系统地划分与归类。

如果说现实是此岸，那么职业理想就是彼岸，要由此及彼，就需要对各种不同的职业有一个从感性到理性的认识。

视频 职业的分类

1. 国内职业分类现状

我国依据“工作性质相似性为主、技能水平相似性为辅”的原则进行职业分类。《中华人民共和国职业分类大典（2022 年版）》将我国职业归为 8 个大类，79 个中类，449 个小类，1636 个细类（职业）和 2967 个工种。

八大类职业分别是：① 党的机关、国家机关、群众团体和社会组织、企事业单位负责人。② 专业技术人员。③ 办事人员和有关人员。④ 社会生产服务和生活服务人员。⑤ 农、林、牧、渔业生产及辅助人员。⑥ 生产制造及有关人员。⑦ 军队人员。⑧ 不便分类的其他从业人员。

2. 国外职业分类现状

（1）按工作特点分为四大类：① 与人有关的工作，零售、直销工作、社会科学及法律服务、教育与社会服务等。② 与资料有关的工作，出纳、簿记、文秘工作等。③ 与事物有关的工作，建筑、维护、驾驶工作、机械操作和修理、工程应用等。④ 与概念有关的工作，感应艺术（视觉方面）、创造艺术、医药及医药工程等。

（2）按心理的个体差异分为六大类：① 现实型，手工工作、技术工作。② 研究型，科学研究、实验工作。③ 艺术型，艺术创作。④ 社会型，教育、社会福利。⑤ 企业型，管理、销售。⑥ 常规型，办公室文员、会计、审计、收发、档案管理等。

（二）职业的从业要求

对于从业者来说，其要满足职业所涉及的知识、能力和觉悟要求。

（1）知识要求。从业者要具备的素质能力、专业能力、核心能力，能够找出自身能力与职业要求的差异和不足。

（2）能力要求。从业者分析自己的职业素质，能够找出差异和自身不足。

（3）觉悟要求：从业者要通过学习不断加强自身修养，学会做人、做事，逐步走向成熟，做一个有素养的人。

二、专业

视频　职业与专业的关系

专业一般是指高等院校或中等专业学校根据社会专业分工的需要设立的学业类别。实际上，专业有广义、狭义和特指三种解释。

广义的专业是指某种职业不同于其他职业的一些特定的劳动特点。

狭义的专业是指某些特定的社会职业。这些职业的从业人员从事的是比较高级、复杂、专门化程度较高的脑力或体力劳动。一般人所理解的专业，大多是狭义的专业。

特指的专业是指高等院校中设置的专业。

高等教育的专业设置整体上不单纯以学科知识教育为核心，而是以知识与技能教育为双核心。在现代社会，工作岗位越来越需要专业技能，可以说，专业是职业的基础。选择职业，首先要从选择专业开始。

每一个人都经历过对职业的憧憬，随着身心不断成熟，儿时的职业憧憬也在改变，这一系列的变化都是因为我们开始逐渐了解职业世界。还记得高考时填报志愿的情景吗？当时你是不是有很多志愿想要填报？现在所学的专业是你当时的选择吗？这个专业是你当时想象的样子吗？

在个人发展与学业规划中，学什么专业是最重要的战略问题，这就像企业在开办之前首先要考虑生产经营什么一样，取决于经营者在分析市场和自身资源及优势之后对销售目标的判断。学什么专业还取决于求学者对毕业后人才市场和自身现有资源及优势的判断。

在许多情况下，从现实到理想的路线并不是笔直的，也不是可以一步跨越的。这时就需要考虑每一个阶段性目标或步骤如何实现。为了实现阶段性目标或步骤，就需要针对阶段性的职业目标而选择合适的学业（专业）。例如，有学生的理想是成为一名中职学校的高级讲师。那么，他就必须考虑在现有的条件下，选择什么专业最适合到中职学校任教，而不是盲目地选择专业。

课堂讨论：在自己喜欢的职业和适合自己的职业之间应该如何选择？

三、职业与专业的关系

当我们在进行职业生涯规划时，职业与专业之间的关系是个体必须面对且要解决好的重大问题。有人说，专业决定职业；也有人说，专业与职业没有多少联系。其实，职业与专业之间既不是一一对应的关系，也不是一点关系都没有。

职业与专业之间是一种复杂的相关关系。这种关系可以概括为三种：一对多的关系、多对一的关系和一一对应的关系。一对多的关系是指一个专业对应多个职业方向，这些专业一般是学习内容比较广博、发展方向较分散的专业，比如哲学、历史学、汉语言文学、经济学等专业。多对一的关系是指不同的专业可以发展成为同一个职业方向，这种职业一般更强调个人在实践中的领悟和学习，比如业务开拓人员、新闻记者、企业管理人员等。一一对应的关系则一般是指技术性较强、专业分工明确的工科专业。

第二节 职业能力与职业素质

每个人都具备不同的能力与素质，而这些不同的能力与素质在不同的职业中存在着不同的意义。有些能力是与生俱来的，有些能力是在我们的成长过程中不断积累、学习获得的。这些能力潜移默化地影响素质的形成。具有什么样的职业能力与职业素质，直接关系到我们的职业生涯规划。

一、职业能力

视频 职业能力

面对日益激烈的就业竞争，怀揣梦想、憧憬未来的毕业生即将步入社会，然而职场上不具备职业能力的人，只能四处碰壁。而当个体的职业能力越强、工作表现越出色时，就越容易获得职业发展的机会。

（一）职业能力的三要素

评价一个人的职业能力，涉及三要素：个人能力、工作表现、行业或者本企业的业务标准。

个人能力，根据能力本位教育（competency-based education，CBE）的思想，可分解为知识水平、工作技能和工作态度。知识水平更多的是指个体掌握的理论知识，也包括实务工作中的实践知识。

工作表现首先涉及从事什么样的工作。工作岗位所在的行业性质不同，就会有不同的职业能力要求。即使在同一行业，不同的工作岗位也会有不同的要求。

行业或者本企业的业务标准。例如，对会计行业来说，很难制定一个具体的会计师业务标准。这个业务标准主要是通过会计师协会对会员提出的能力框架标准来实现的。比如，具备什么样的学历后可以入会，会员在协会中可以学习哪些专业课程，以及之后的继续教育、会员服务和职业道德的约束问题。所有这些就会构成一个会计师协会对会员的职业能力的要求。值得注意的是，各个会计师协会因为人才培养理念的不同，制定的入会标准和考试科目也存在较大差异。

（二）职业资格

职业资格是对个人从事某一职业所必备的学识、技术和能力的基本要求。职业资格分为从业资格和执业资格。

从业资格是政府规定专业技术人员从事某种专业技术性工作的知识、技术和能力的起点标准。从业资格通过学历认定或考试取得，如会计从业资格证。

执业资格是政府对某些责任较大、社会通用性较强、关系公共利益的专业技术工作实行的准入控制，是专业技术人员依法独立开业或独立从事某种专业技术工作的学识、技术和能力的必备标准。执业资格通过考试取得，如注册会计师。

二、职业素质

下面将从职业素质的内容、职业素质的特征、大学生存在的职业素质问题、大学生职业素质的培养开发四个方面介绍职业素质。

（一）职业素质的内容

职业素质包括很多方面，此处主要介绍职业道德与职业态度。

职业道德是指从事一定职业的人在特定的工作和劳动中应遵循的特定的行为规范，是一般社会道德原则和道德规范的特殊形式和重要补充。良好的职业道德有利于个体养成良好的道德习惯，有利于促进社会生活的稳定发展和精神文明建设。

视频 职业素质

职业态度是指从业人员对自己所从事的职业的看法以及所表现出的行为举止，包括选择方法、工作取向、独立决策能力与选择过程的观念等。

（二）职业素质的特征

能否胜任职位主要取决于职业素质的高低，促使个人实现职业发展的诸因素中最容易把握的就是职业素质的提升。几乎所有比较规范的用人单位，在人员招聘与人员配置方面，都建立有以岗位能力素质为基础的、结合价值观、行为特征、专业技能和工作经验等要求的胜任力素质模型及评估工具，其目的就是衡量应聘者与岗位能力素质要求的匹配程度。职业素质具有以下五个特征。

1. 职业性

不同的职业，其职业素质是不同的。对建筑工人的素质要求不同于对护士的素质要求；对商业服务人员的素质要求不同于对教师的素质要求。因此，个体要根据具体的职业，培养与之对应的职业素质。

2. 稳定性

一个人的职业素质是在长期执业中日积月累形成的，且一旦形成，便产生相对的稳定性。例如一位教师，经过三年五载的教学生涯，逐渐形成了怎样备课、怎样讲课、怎样做到为人师表等一系列教师职业素质，并在一定程度上保持相对稳定。

3. 内在性

职业素质的内在性主要指的是从业人员在长期的职业生涯活动过程中，经过自身的学习和实践体验，内化职业要求和专业知识，形成的一种自我意识和心理品质。这种内在性一经形成，就以潜能的形式存在，只有在具体的职业活动中才能充分地展现出来。

例如，一名优秀的程序员在长期的编程工作中，不仅掌握了各种编程语言和算法，更是通过不断实践和学习，内化了编程的职业要求和专业知识，形成了对编程工作的深刻理解，这使其在面对复杂的编程任务时，能够迅速找到问题的关键，并给出高效的解决方案。这种能力就体现了职业素质的内在性。职业素质的内在性使得人们在工作中能够发挥出更大的潜能和创造力。

4. 整体性

一名从业人员的职业素质与其整体素质有关，职业素质具有整体性。例如，某同志职业素质良好，不仅是指他的思想政治素质、职业道德水平高，而且还包括他的科学文化素质、专业技能素质好，甚至还包括身体、心理素质好。而一名从业人员虽然思想政治素质良好，但科学文化素质、专业技能素质水平低，则不能说明其整体素质良好。同样，如果一名从业人员的科学文化素质、专业技能素质都不错，但思想政治素质水平比较低，则也不能说明这个人的整体素质良好。

5. 发展性

一个人的职业素质是通过教育、自身社会实践和社会影响逐步形成的，具有相对性和稳定性。但是，随着社会发展对个体不断提出要求，个体为了更好地适应、满足、促进社会的发展需要，总是不断地提高自身的职业素质。因此，职业素质具有发展性。

（三）大学生存在的职业素质问题

很多企业之所以招不到满意的人选，是因为招不到具备良好职业素质的毕业生，可见，企业已经把职业素质作为人才选拔的重要指标。职业素质是劳动者对社会职业了解与适应能力的一种综合体现，一般来说，劳动者顺利就业并取得职业成功，在很大程度上取决于本人的职业素质。职业素质越高的人，获得成功的机会就越多。但目前，部分大学生确实存在职业素质水平有待提升的情况，主要表现在职业道德和职业心理两个方面。

在职业道德方面，有的大学生在个人简历中过分夸大自己的优点，与事实出入较大，甚至个别人伪造证书、弄虚作假。有的大学生同时和不同的单位签下就业协议，恶意违约。部分大学生重视职业能力的培养，轻视道德素质和内在素养的提升。而往往正是职业道德的缺失，影响了大学生走上工作岗位后的可持续发展。因此，“铺垫人生，养成在先”。

在职业心理方面，面对职业发展中的问题，部分大学生不具有较强的心理承受能力和调节能力。因而，把心理健康教育贯穿职业生涯规划教育的全过程，是职业生涯规划中一个很重要的组成部分。

（四）大学生职业素质的培养开发

职业素质可以通过个体在工作中的行为来体现，而这些行为以个体的知识、技能、价值观、态度、意志等为基础。良好的职业素质是个人事业成功的基础，也是大学生进入职场的“金钥匙”。

“冰山理论”认为，个体的素质就像水中漂浮的一座冰山，水面以上部分的知识和技能仅代表表层的特征，不能区分绩效优劣；水面以下部分的动机、特质、态度、责任心才是决定人的行为的关键因素，用以鉴别绩效优秀者和一般者。

大学生的职业素质也可以看成一座冰山：浮在水面以上的冰山只有 1/8，代表了大学生的形象、资质、知识和职业技能等，是看得见的、显性的职业素质，这些可以通过各种学历证书、职业证书来证明，或者通过专业考试来验证。而隐藏在水面以下的冰山占整体的 7/8，代表了大学生的职业意识、职业道德、职业作风和职业态度等，是看不见的、隐性的职业素质。显性的职业素质和隐性的职业素质共同构成了个体应具备的全部职业素质。由此可见，大部分的职业素质是看不见的，但正是这 7/8 的隐性职业素质决定、支撑着外在的显性职业素质，显性职业素质是隐性职业素质的外在表现。

因此，大学生职业素质的培养应该着眼于整座“冰山”，并以培养显性职业素质为基础，重点培养隐性职业素质。当然，这个培养过程不是学校、学生、企业各方能够单独完成的，而是应该由三方共同协作，实现“三方共赢”。

作为职业素质培养主体的大学生，在大学期间应该学会自我培养。

首先，培养职业意识。雷恩·吉尔森说：“一个人花在影响自己未来命运的工作选择上的精力，竟比花在购买穿了一年就会扔掉的衣服上的心思要少得多，这是一件多么奇怪的事情，尤其是当他未来的幸福和富足要全部依赖于这份工作时。”① 很多学生在跨进大学校门后就认为自己已经完成了学习任务，可以在大学里尽情地“享受”了。这正是他们在就业时感到压力的根源。樊富珉认为，中国有69%～80%的大学生对未来职业没有规划、就业时容易感到压力。中国社会调查所2006年完成的一项对在校大学生心理健康状况的调查显示，50%的大学生对于自己毕业后的发展前途感到迷茫，没有目标；42%的大学生表示目前没考虑太多；只有8%的人对自己的未来有明确的目标并且充满信心。尽管近年来没有最新调查数据，但根据中国知网相关职业生涯规划的调查，反映出随着生涯教育的普及，大学生对职业生涯规划的认知有了明显提高，普遍认识到职业生涯规划的重要性，根据余真仪的调查显示，目前大学生对职业生涯规划有较好的理解，但普遍缺乏行动力，仅停留在“光说不做”的层面。因此在大学期间，首先，大学生应明确：我是一个什么样的人？我未来想做什么？我能做什么？环境能支持我做什么？要着重解决的一个问题是认识自己的个性特征，包括气质、性格和能力，以及自己的个性倾向，包括兴趣、动机、需要、价值观等，并据此来确定自己的个性是否与理想的职业相符，对自己的优势和不足形成比较客观的认识，结合环境，如市场需要、社会资源等确定自己的发展方向和行业选择范围，明确职业发展目标。

其次，配合学校的培养任务，完成知识、技能等显性职业素质的培养。职业行为和职业技能等显性职业素质比较容易通过教育和培训获得。学校的教学及各专业的人才培养方案是针对社会需要和专业需要制定的，旨在使学生获得系统化的基础知识及专业知识，加强学生的专业认知和知识运用，并使学生获得学习能力，培养学习习惯。因此，大学生应该积极配合学校的培养计划，认真完成学习任务，尽可能利用学校的教育资源，包括教师、图书馆等，获得知识和技能，作为未来职业需要的储备。

最后，有意识地培养职业意识、职业道德、职业作风和职业态度等方面的隐性职业素质。隐性职业素质是大学生职业素质的核心内容。它体现在很多方面，如独立性、责任心、敬业精神、团队意识、职业操守等。事实表明，很多大学生在这些方面存在不足。有记者调查发现，缺乏独立性、爱抢风头、不愿下基层等表现容易断送大学生的前程。

大学生应该有意识地在学校的学习和生活中主动培养独立性，多参加实践活动，在实践中学习成长，最终学会分享、感恩，勇于承担责任，不要把错误归咎于他人。遇到问题多自我反思，找出自身的不足。

大学生职业素质的自我培养应该加强自我修养，在思想、情操、意志等方面进行自我锻炼。同时，还要培养良好的心理素质，看到自己的长处和成果，提升自信心，增强应对压力和挫折的能力，善于从逆境中寻找转机。

---

① 吉尔森. 选对池塘钓大鱼［M］. 彭书淮，编译. 北京：机械工业出版社，2004.

第三节　职业信息的获取与评估

在信息技术发达的今天，我们可以通过很多渠道获得想要了解的信息。网络、电视、广播、报刊等媒体到处充满了求职和招聘信息。面对如此庞大的信息量，如何准确地获取与评估我们所需的职业信息显得尤为重要。

一、职业信息的获取

在了解职业信息的获取渠道之前，我们有必要先了解职业信息的特点。

（一）职业信息的特点

职业信息是对与职业有关的所有信息的统称，具有如下特点：

1. 内容丰富

职业信息既包括国民经济和社会发展信息、行业动态信息、劳动力市场信息等宏观信息，也包括用人单位信息和招聘岗位信息。这些职业信息会对求职者的职业选择产生影响，多方面了解职业信息，对求职者是非常有益的。

视频　职业信息的获取

2. 传播面广，传播手段多样

目前，各类组织的人才需求大多会通过公开或半公开的渠道广泛传播，目的是择优录取和提高招聘工作效率。对于求职者来说，了解不同的信息渠道和传播手段，有利于从众多的职业信息中选择适合自己的信息。学生在校期间要多接触各类职业信息渠道和传播手段，尽早熟悉它们的特点，以避免仓促应付。

3. 即时性和分享性强

职业信息一般具有即时性的特点，即任何组织的招聘都会有一个时间期限，过了这个时间期限，职业信息就会失效。此外，公开或半公开的职业信息面向众多求职者，分享性强，谁更早发现，谁就可能捷足先登，把握住机会。

（二）职业信息的获取渠道

获取职业信息的渠道有很多，信息的时效性、广泛性、准确性共同构成了职业信息的质量，职业信息的质量越高，大学生找到一份理想工作的机会就越大。目前，对于初入职场的毕业生来说，以下为获取职业信息的主要渠道。

1. 各类招聘会

招聘会有两种：一种是大型的面向社会的招聘会，另一种是只针对在校毕业生的校园招聘会。大学高年级学生应该积极参加各类招聘会，尤其是校园招聘会，以便清晰了解当年的就业情况。校园招聘会一般由学校和相关单位联系后在学校举办，信息的准确性和实用性非常强，通过校园招聘找到一份工作的可能性比较大。

2. 媒体与网络

通过各类媒体，特别是互联网获取自己所需的职业信息应该是现今毕业生求职的一大特色。报刊、广播电台、电视台等都辟有人才招聘和求职信息的专栏。

此外，随着互联网的普及，求职和招聘信息已是互联网各类主要门户网站的重要组成部分，更有不少提供大学生就业信息的专门网站。可以看到，随着信息时代的到来，毕业生通过互联网获得职业信息，进而成功就业的比例越来越高。

3. 各类社会关系

各类社会关系是指毕业生自己及家庭的人际网络，包括亲戚、朋友、同学、教师等一切认识的人。由于每个人的社会活动圈子不一，所以通过社会关系获得的职业信息也不能一概而论。但是在一般情况下，通过各类社会关系所反馈的职业信息质量是较高且较为可靠的。

此外，同学、亲朋好友、教师都是熟悉自己的人，他们所提供的职业信息的针对性往往也比较强。所以毕业生要做的就是把自己需要一份工作的信息向周围的人传达。

4. 其他渠道

除了上述适合毕业生的主要职业信息获取渠道外，还有一些各级各类的人才（劳务）中介服务机构。全国县级以上的地方都有国家设置的人才服务机构，如人才交流中心、人才服务中心、各类劳务市场等。这类机构一般适合毕业生获取自己所需的背景信息。

毕业生也可以直接去专门的职业咨询机构进行相关的职业咨询，更好地了解职业信息和市场需求。

此外，大学生还可以利用各类社会实践或者兼职获取自己所需的职业信息。通过在这些单位参观、实习或兼职，直接了解其是否有用人意愿，如果有，毕业生不妨毛遂自荐，这样求职成功的概率也是相当大的。

二、职业信息的评估

视频 职业信息的评估

职业信息是与职业相关的消息报道，职业信息的数量和质量对于大学生的职业决策来说具有非常重要的意义。评估职业信息的目的是站在求职者的立场上，对职业信息是否符合求职者的主观愿望进行判断，符合程度越高，则职业信息的价值越大。

评估职业信息要遵循以下原则：

（一）符合职业生涯规划

在评估职业信息的价值时，一是评估职业所处的行业和领域是否与自己的职业生涯规划方向符合，符合程度越高，价值越大；二是评估职业与自己的职业生涯规划各个阶段目标的符合程度，符合程度越高，价值越大；三是评估职业与自己的职业生涯规划行动路径的符合程度，符合程度越高，价值越大。

（二）适合自己

适合自己原则的关键在于扬长避短。除了包括上面所说的内容以外，还包括：所获得的职业信息是否符合自己的专业和特长，是否符合自己的性格及个性特征，能否让自己发挥优势。例如，性格内向、不善于交际的学生，如果选择销售职位，就不一定能胜任，而如果选择内勤、文档管理等岗位，则可能会很快适应。再如，学习会计专业的学生，如果性格外向、善于交际、敢于冒险，选择一家会计代理公司做业务，可能比单纯做出纳更合适。

（三）实事求是

实事求是的原则要求既考虑个人的职业生涯规划、个人能力特长，又考虑现实生活提供的可能性和可行性。我国大学扩招之后，毕业生人数每年以几十万人的幅度增长，而就业市场提供的岗位数量相对有限，在这种情况下，就需要大学生不断调整自己的职业期望，在现实中经过曲折而持续的努力来达到自己的目标。

从以上原则出发，会发现大部分职业信息都是有价值的，关键看能不能抓住它们。在实际生活中，不少学生在求职应聘过程中屡屡受挫，主要原因不是职业信息的价值问题，而是个人识别机会、把握机会的能力存在不足。

理解・反思・探究

1. “对于职业的认知是我们在进行职业生涯规划过程中对未知世界的一个探索，职业的世界应有尽有，但是只有适合自己的才是最好的。”请问对于这句话所表达的内容你怎么看？
2. 你认为自己适合的职业有哪些？它需要具备什么样的从业要求？你自身具备这些要求吗？如何能够让你自身与职业相匹配？
3. 请梳理并总结一张适用自己的职业信息获取渠道表格。

生涯启航

2024年7月，人力资源社会保障部向社会发布云网智能运维员、生成式人工智能系统应用员、用户增长运营师等19个新职业，这19个新职业以及直播招聘师等28个新工种被纳入国家职业分类大典。随着新经济、新业态的发展，新职业不断涌现并获得认证。据统计，从2019年发布首批人工智能工程技术人员等新职业以来，人力资源社会保障部对新职业一年一发布、一年一新增，已累计发布6批共93个新职业。这些新职业、新工种清晰映射产业变革的新趋势、社会发展的新需要，同时也为劳动者就业开辟新赛道。新职业呼唤新技能。党的二十届三中全会提出，健全终身职业技能培训制度。更加完善成熟的职业技能教育与培训制度，有利于全面提升劳动者的劳动技能，缓解技能人才短缺的结构性矛盾，提高就业质量。

第五章　社会环境认知

在社会经济发展日益市场化的背景下，职业生涯发展必然受到社会环境的极大影响和制约。社会环境中流行的工作价值观、政治经济形势、社会产业结构调整、用人政策管理体制变化、社会劳动力市场的人才需求等因素，无疑都在个人职业生涯规划决策中留下烙印。本章从对社会环境的认知入手，使学生能够对社会环境进行分析与探索，认识社会环境对个人职业生涯规划的重要性。

第一节 社会环境因素对职业生涯规划的影响

视频 社会环境因素对职业生涯规划的影响

当前社会，传统的就业观念和流行的就业意识对大学生职业生涯规划和就业取向有很大的影响，加上现代社会发展速度较快，客观地了解和适应新的社会环境对当代大学生来说是一项必须完成的任务。

一、学校和家庭环境

学校和家庭是影响大学生职业生涯规划和就业观念的两个重要因素。如何清醒地认识和了解这些影响因素，对每一名大学生来说都非常重要。在清醒认识的同时也应理性思考，找到并消除不利因素的影响。

（一）学校环境

当用人单位招聘时，虽然都会对名校毕业生有一定青睐性，但主要还是根据所需岗位的任职资格选才，即重视人职匹配。求职成功的关键在于求职者的个人特质和专业能力，尤其是后者。因此，我们在做职业决策时，不必过于在意学校的社会地位和声誉差别，“英雄莫问出处”。事实证明，名牌大学和一般院校的毕业生各有特色，都有适合自己发挥才能的岗位，都有为社会做出卓越贡献的杰出人物和优秀校友。

视频 学校和家庭环境对职业生涯规划的影响

大学生所学专业是关系到制订职业生涯规划和进行职业决策的关键因素。如果想选择偏离专业方向较大的其他职业，就应早做准备。当前为了扩大学生的专业覆盖面，高校除了培养文理交叉、专才与通才相结合、工管兼备的复合型人才外，还大力推进新工科、新医科、新农科、新文科建设。此外，高校还实施了主辅修制、双学位制、学分制等，大学生可以利用这些条件铺垫自己的职业前程。

（二）家庭环境

我国一直是重视教育的国家，从古代的“子继父业”“官宦世家”“梨园世家”“中医世家”“书香门第”等，到如今的教育强国、科技强国、人才强国，党的二十大报告也强调“办好人民满意的教育”“发展素质教育”“促进教育公平”，足以证明教育的重要性。许多家长都“望子成龙，望女成凤”，盼望子女出人头地。这些思想对大学生的就业取向产生一定的影响，同时对大学生毕业后选择职业有一定的限制。每个家庭的社会经济地位和社会关系不同，子女从小受到的教育也不相同，这对大学生毕业后选择职业会有一定的影响。①

① 张渤，宁焰. 职业生涯与发展规划［M］. 西安：西北工业大学出版社，2010：26.

社会关系在资源配置中发挥着重要作用，家庭是大学生社会资源的主要来源。家庭的社会资源包括提供经济支援，降低失业风险；拓展信息渠道，获得更多的就业门路；减少搜索成本，帮助实现人力资本价值等。

无论劳动力市场发展到何种程度，市场外的许多因素都会或多或少地影响就业，有些甚至起制约作用。毫无疑问，家庭因素就是其中之一，大学生的职业选择和生涯发展与家庭环境密不可分。

二、社会心理环境

社会心理环境一般反映的是人们的日常意识，是指在一定时期内人们普遍流行的精神状态，包括人们的要求、愿望、情感、情绪、习惯、道德风尚、审美情趣等。传统的就业理论和现在流行的就业意识形成了影响大学生就业的社会心理环境，如传统就业观念、社会时尚、就业压力、师长的参谋作用等的影响。

视频　社会心理环境对职业生涯规划的影响

（一）传统就业观念的影响

由于我国传统观念的积淀与影响，父母与子女之间的控制与被控制、被依赖与依赖性较强。具体的成长环境不同，大学生在择业中的表现也不尽相同：有的父母对子女的择业行为控制较严；有的父母则比较开明，支持子女的选择，并给予相应的参考意见。这两种方式对大学生择业所产生的影响是不同的。也有的大学生因为父母的从业境况或能力欠缺等原因，寻求有权威的亲友的帮助，根据其认同情况来决定自己的择业方向。

（二）社会时尚的影响

社会时尚是指现实社会中流行一时的风气，属于一种非常规的集体行为模式。社会时尚可以发生在人们日常生活中最普遍的领域，如穿着、服饰等方面；也可以发生在人们参与社会活动的接触交往中，如语言、娱乐等方面；还可以发生在社会意识形态方面，以影响人们社会心理的方式表现出来，如政治、道德、教育等。社会时尚对大学生择业的影响是不可忽视的，如大学生择业中出现过的大城市热、合资企业热、公务员热、考研热等。

（三）就业压力的影响

毕业生在求职过程中，大多数人都会遇到不同程度的困难和挫折，从而产生各种心理问题和心理障碍。

心理障碍是由就业压力与心理承受压力互相作用，使人失去应有的心理平衡的结果。在竞争择业中产生的常见的心理障碍有：自我认知失调、情绪困扰、人际交往障碍等。

（四）师长参谋作用的影响

在很长一段时间内关于大学生就业，教师和长辈的意见起主导作用。如今虽有变化，但是师长的参谋作用仍有重要影响，尤其是在大学生的择业意向和择业行为上。当然，这些意见仍然不能完全摆脱建议者自身的主观色彩，不同师长的职业价值观不同，对大学生择业的影响结果也存在一定的差别。①

三、社会发展环境

改革与社会发展为大学生就业创造了更广阔的舞台。大学生的就业心理趋于成熟和理性，大学生择业的躁动、盲目等现象有所减少，这与社会发展所创造的就业环境有着极为密切的关系。

（一）社会发展需要综合素质高的从业人员

例如，大学生除了具备较强的学习能力、团队协作能力以及沟通能力之外，还应具备一定的心理承受能力，包括环境适应能力、情绪调节能力以及抗挫折能力。在国家陆续公布的新职业中，其任职资格明显高于相近职业岗位的任职资格。一些高薪招聘的职位普遍任职资格条件高，一般人难以满足其岗位要求。因此，大学生要注重培养综合素质。

（二）人才流动需要“软环境”

为了有效促进人才的合理流动，国家有关部门先后出台了一系列关于人才招聘、辞职、辞退、流动人员档案管理等政策。我国已经形成了以政府所属人才交流机构为主导、以民办人才中介机构为补充的人才流动体系。

人才交流机构纷纷涌现，通过不断搜集、整理、储存和发布人才供求信息，为求职者和用人单位提供人才市场信息，同时切实为人才流动创造了“软环境”。

“海阔凭鱼跃，天高任鸟飞。”这种比较开放的人才流动环境对大学生来说是一个极其难得的机会。

（三）重视人才、吸引人才的环境逐步形成

人才是第一资源。尊重知识、尊重人才已成为当今社会发展的一大主流。合理优化人才环境，有效发展人才资源是实施 21 世纪人才战略的关键环节。为了创造一个更有利于人才发展的“软环境”，全方位提高和挖掘人才的潜力，国家和各级政府相继出台了一系列政策和举措来培养人才。

---

① 张渤，宁焰．职业生涯与发展规划［M］．西安：西北工业大学出版社，2010：32.

目前，在人们的思想观念、社会风气、社会氛围上已经初步形成了鼓励竞争、包容失败、支持人们尊重劳动、尊重知识、尊重人才、尊重创造的人文环境。

案例讲解　就业的困惑

案例　就业的困惑

在某名牌大学就读的学生小王并不因为自己是名校学生而骄傲，相反，她一直都被自卑情绪笼罩着。因为自从上了大学之后，她的成绩一直平平，学校社团活动也很少参与。已经大四了，小王面对择业时更加自卑了，担心自己缺乏竞争力而找不到工作。她陷入了深深的苦恼中，对于各种笔试、面试也畏缩不前。

如果你是小王的同学，你会建议她怎么做？

第二节　就业市场与就业政策

目前，我国大学生就业市场体系已经初步建立，形成了以市场为导向、政府宏观调控、学生与用人单位双向选择的就业机制。由于求职者都是不同专业的高层次青年人才，群体庞大，时间集中，因此，大学生就业市场已经成为我国人才市场的一个重要组成部分。

大学生毕业后主要选择的就业方式就是通过就业市场寻找就业单位，完成自己的择业过程。大学生就业市场是当前高校毕业生实现就业的重要途径。

一、大学生就业市场的分类

在社会主义市场经济体制下，以高校毕业生为主体的就业市场，是毕业生求职择业和用人单位招贤纳士、选拔人才的重要场所，是高校毕业生就业制度的重要组成部分。就目前而言，大学生就业市场可分为有形就业市场和无形就业市场两大类。

视频　就业市场

（一）有形就业市场

有形就业市场是指有固定场所、地点、举办时间及特定参加对象的，把用人单位与毕业生组织在一起，为双方进行交流和双向选择提供的就业平台。目前大学生有形就业市场大体分为以下四种：

1. 以学校为主体单独举办的毕业生就业市场

这种就业市场一般以招聘会、供需见面会等形式出现，是大学生就业市场中最主要的一种形式。由学校出面单独举办的毕业生就业市场，其优点在于邀请的用人单位有很强的针对性，往往与学校专业相结合，对高校来说很容易形成固定的用人单位群体。

2. 学校联合举办的毕业生就业市场

这主要是指由两所或若干所高校联合举办的就业市场。这种就业市场的最大特点是各高校的用人单位资源比较集中，强强联合，优势互补。这种就业市场的规模较大，参与单位较多，招聘专业比较齐全，能提供更全面的就业信息。

3. 区域性的就业市场

区域性的就业市场是指各地方教育主管部门或各人社局举办的，为本地毕业生就业服务或为本地用人单位招聘服务的就业市场。这种形式的就业市场最大的优点在于能够比较准确地反映区域性的人才需求趋势。

4. 企业专场招聘会

企业专场招聘会也称宣讲会，是由用人单位单独到高校以招聘本企业所需人才为目的而举办的小型招聘会。这种就业市场的时效性强，招聘效果十分明显，尤其为知名企业、跨国公司所推崇。

（二）无形就业市场

与有形就业市场相反，无形就业市场没有固定的场所和地点，而是由用人单位和毕业生自行选择通过何种媒介和交互平台进行交流和沟通。随着信息技术的高速发展，高校的无形就业市场发展迅速，已经在大学生就业市场中有着举足轻重的地位。

目前，无形就业市场借助信息技术手段，利用互联网技术建立起各类就业网站、求职网站，为大学生就业市场提供了更广阔的发展领域。凭借信息的快速传播等特点，无形就业市场打破了用人单位和大学生之间的区域、时间、场所的限制，提高了就业效率，降低了招聘成本，深受广大高校毕业生和用人单位的推崇。①

利用网络进行毕业生就业管理，建立毕业生就业信息网络系统已经在各高校普遍应用。网络技术在就业工作中得到普遍应用和发展，形成了有形就业市场和无形就业市场相结合的新的大学生就业市场模式。

二、人力资源市场与大学生就业市场之间的差异

人力资源市场是指劳动力流动和交换的场所，用人单位和劳动者在人力

① 徐艳丽，张建军. 大学生就业市场的类别、特点及培育［J］. 高等农业教育，2005（2）：81－83.

资源市场通过双向选择实现劳动力资源的调节与配置，是运用市场经济调节手段达到人力资源重新分配的一种机制。人力资源市场对我国人事制度的改革和发展、用人机制的转变和人才流动起到了积极的促进作用。大学生就业市场属于人力资源市场的一种，是大学生与用人单位进行双向选择的重要场所，也是引导大学生合理调整择业期望，实行公开、公平竞争，优化社会人才配置的场所。应该说，大学生就业市场是在社会主义市场经济体制下，专门以高校毕业生为服务对象的就业市场，是高校毕业生就业工作管理体系和就业制度的一个重要组成部分。大学生就业市场已经成为高校毕业生在就业市场中调节就业、寻找自己理想职业的重要场所。

高校毕业生就业与社会劳动力就业有明显区别，这主要表现在就业对象的学历层次比较高、就业经验不够丰富、就业时间短、社会压力大等方面。由于大学生就业市场的服务对象是高校毕业生，因此，大学生就业市场有自己的特点。

（一）针对性

大学生就业市场属于一种高层次的劳动力市场，与社会各类就业市场最大的区别在于大学生就业市场专门为具有一定学历层次，并掌握当今社会最先进的技术和管理知识的广大高校毕业生群体提供就业服务。

（二）时效性

众所周知，大学生就业一般要求在几个月内落实，最多延长至两年。如果在这段时间内解决不了就业，毕业生将面临待业问题。而社会人员则不同，一方面他们的就业没有时间限制，即使暂时找不到合适的工作，也可以通过社会保障部门领取一定的救济金。因此，大学生就业具有很强的时效性。

（三）集中性

由于高校毕业生就业时间主要集中在每年 3 月至 7 月，这就决定了大学生就业市场有很强的季节性。

由于大学生就业市场具有这些特点，也就决定了大学生就业市场服务体系具有一定的独立性。因此，建立起专门为高校毕业生就业服务的大学生就业市场是当代人力资源市场发展的必然趋势。

三、大学生就业政策及其演变过程

视频 就业政策

大学生就业政策是国家就业政策的重要组成部分，它是由政府有关职能部门（如人力资源和社会保障部门、教育部门）专门针对大学生就业工作而制定的，受到国家政治、经济、人事制度等因素的制约，包括国家基本方针政策，各地方根据国家制定的方针政策，结合本地具体实际情况而制定的地方性政策规定。

自中华人民共和国成立以来，我国大学生的就业政策随着社会经济的发展而不断变化，从时间上大致可分为三个不同的阶段。

（一）国家分配，统包统分（1978—1993年）

这一阶段的主要特征是以政府编制计划与高校实施计划相结合。20世纪50年代到80年代中期，我国大学生就业政策总体上处于统包统分阶段，由于计划经济体制的影响以及当时社会发展和经济建设对大学生这一稀缺社会资源的需要，中央提出了一系列毕业生分配的方针政策，包括“统一计划、集中使用、重点配备”和“在适应国家建设需要的基础上贯彻学用一致的原则”等，国家对大学生分配开始实行计划管理，即学校按指令性计划招生，学生按照计划分配，毕业生与用人单位之间没有选择权。此体制有利于国家调配稀缺人才资源，服务建设，但常出现人岗不匹配的情况。1985年，为适应经济发展需要，国家出台《中共中央关于教育体制改革的决定》，开始改革高等学校的招生计划和毕业生分配制度，提出国家计划招生、用人单位委托招生及自费生多种形式，逐步从“供需见面”向双向选择过渡。

（二）双向选择，自主择业（1994—2007年）

从20世纪90年代至21世纪初期，我国大学生就业政策形成了以市场为导向的、从双向选择到自主择业的阶段。这一阶段的主要特征是大学生就业政策与市场经济发展密切相关，同时鼓励高校毕业生自主创业，形成了大学生就业去向的多元化。

随着改革开放的深入和社会主义市场经济体制的建立与完善，以双向选择为主要特征的毕业生就业制度只是过渡性的就业政策，不再适应社会发展需要，建立以自主择业为主要特征的毕业生分配制度势在必行。

1993年2月，国务院颁布的《中国教育改革和发展纲要》是自主择业就业模式的政策依据。1994年4月，国家教育委员会在《关于进一步改革普通高等学校招生和毕业生就业制度的试点意见》中，指出建立“学生上学自己缴纳部分培养费用、毕业后多数人自主择业”的机制。在这种就业体制下，大部分毕业生按照个人的能力和条件到市场参与竞争，不再依靠行政手段由国家保证就业；而高等学校作为就业工作的中介，主要为毕业生自主择业提供服务。

此外，政府积极开辟基层就业岗位，2003年出台《关于实施大学生志愿服务西部计划的通知》，2006年出台《关于实施农村义务教育阶段学校教师特设岗位计划的通知》《关于组织开展高校毕业生到农村基层从事支教、支农、支医和扶贫工作的通知》，开始实施西部计划、特岗计划、“三支一扶”等计划，缓解就业压力。通过政策宣传、资金补贴鼓励毕业生到西部和基层中去，完善基层就业服务、晋升及考核制度，政府通过宏观调控提供多种就业服务、扩大就业。

（三）高质量、多元化就业

自 2008 年以来，为适应经济社会发展需要，我国大学生就业政策逐步向高质量、多元化方向发展。

2008 年 2 月，国务院发布《关于做好促进就业工作的通知》，针对全球金融危机提出稳就业相关措施，鼓励毕业生向新兴产业和基层就业，提升就业质量。2010 年 7 月，《国家中长期教育改革和发展规划纲要（2010—2020 年）》出台，强调优化高等教育结构，加强创新创业教育，培养高素质人才。2015 年 5 月，国家发布《关于深化高等学校创新创业教育改革的实施意见》，为推动高校创新创业教育融入人才培养全过程提供有效依据，进一步提升学生能力，为高质量就业打下良好基础。2017 年 1 月，《"十三五"促进就业规划》明确提出实现更高质量就业目标，支持毕业生到新兴产业和现代服务业就业。国家通过一系列政策文件，不断优化教育结构，强化创新创业教育，引导毕业生向新兴产业与基层流动，旨在提升人才素质与就业质量。

2018 年 5 月，国务院发布《关于推行终身职业技能培训制度的意见》，开始着手建立覆盖全体劳动者的终身职业技能培训体系，全面提升毕业生就业能力。2019 年 1 月，《国家职业教育改革实施方案》提出深化产教融合、校企合作，培养高素质技术技能人才，有效拓宽就业渠道。2021 年 8 月，《"十四五"就业促进规划》进一步强调实现更高质量就业，支持毕业生到数字经济、绿色经济等新兴领域就业；同年 10 月，《关于推动现代职业教育高质量发展的意见》发布，推动职业教育向高质量发展。2024 年 5 月，《关于做好高校毕业生等青年就业创业工作的通知》印发，针对新形势，提出了扩大政策性岗位、支持灵活就业等方式，将就业渠道进一步拓宽、延长。

政策有效推动大学生就业从"量"向"质"转变，就业形态多元化，保证职业技能持续强化。同时就业支持体系不断完善，为经济社会高质量发展提供坚实的人才支撑。

第三节　新经济环境下职业教育的发展状况

大学生应当充分了解我国当前的经济环境和未来发展方向，这是在选择职业和进行职业生涯规划之前必须"知彼"的内容之一。通过对当前国内外经济环境的了解与分析，大学生不但可以找到有利于自己发展的机会，同时也可以分析和验证个人发展目标是否适应当前和未来的经济环境。

一、国际经济环境

课堂讨论：国际经济环境的变化，对各国的就业会产生哪些影响？

国际经济环境复杂多变，各国经济复苏存在显著差异，机遇与挑战并存。金融市场波动、地缘政治风险、供应链问题明显，同时能源转型等仍为关注的焦点，主要表现在以下三点：

（一）全球经济增长放缓，复苏步伐分化

《世界经济黄皮书：2023年世界经济形势分析与预测》显示，2023年全球经济增长率为2.5%，国际货币基金组织（IMF）预测2024年全球经济增长率为3.2%。不同国家的表现明显不同，美国经济增速放缓，欧洲经济复苏乏力，相比之下，中国经济在政府稳增长政策的支撑下正逐步回暖。

（二）地缘政治风险加剧全球经济不确定性

中东战争不断，俄乌冲突使全球能源和粮食市场持续波动，不确定性显著。2024年6月，在G7峰会中，各国领导人强调对中国“去风险化”，加剧全球供应链进一步分化，半导体等关键行业的供应链重组，企业寻找替代供应商，调整产业布局。极端天气导致巴拿马运河干旱，对国际贸易造成影响，增加企业运营成本。

（三）能源转型与绿色经济加速推进

能源转型与绿色经济成为全球重要主题。2024年11月，第29届联合国气候变化大会上，各国重申《巴黎协定》承诺并呼吁加快可再生能源的投资和部署，大会通过“巴库气候团结契约”，为落实《巴黎协定》奠定基础。但在地缘政治风险加剧的背景下，传统能源市场依然重要，已经成为各国政策制定的核心考量因素之一。

国际经济环境变化，让一些发展中国家面临着更为激烈的市场竞争，造成工厂倒闭及失业问题。我们必须关注全球经济对就业的影响。

二、国内经济环境

面对复杂的国际环境，国家为经济发展提供明确方向，使经济逐步复苏，呈现“稳中求进”的态势。政府通过一系列政策措施推动经济高质量发展，深化结构调整，创新经济驱动力，开始绿色转型，强化科技自立自强，为经济增长提供有效支撑。

（一）政策支持，经济稳步复苏

2023 年 7 月，中共中央政治局会议强调“加大宏观政策调控力度，着力扩大内需，提振信心，防范风险”；2024 年 7 月，中共中央政治局会议指出“实施好积极的财政政策和稳健的货币政策”，政策有效支持经济增长。2024 年，国内生产总值（GDP）同比增长 5%，消费市场有所回暖，居民消费信心缓慢恢复，内需不足仍是主要挑战。

（二）科技创新驱动经济高质量发展

党的二十大报告指出：“加快实现高水平科技自立自强。”我国在科技创新领域取得了显著进展，政府通过加大研发投入、优化创新生态及支持企业技术推动科技与经济深度融合，在人工智能、新能源、半导体等关键领域取得显著成效。

（三）绿色转型加速，新能源产业蓬勃发展

党的二十大报告强调：“推动经济社会发展绿色化、低碳化是实现高质量发展的关键环节。”“积极稳妥推进碳达峰、碳中和”绿色发展和能源转型成果显著。风电、光伏发电装机容量持续领先，新能源汽车产销总量连续多年全球第一，中共中央政治局会议提出，“加快能源结构调整，推动绿色低碳技术研发应用”，强调“抓好污染防治和生态建设，推动绿色低碳发展”，为实现“双碳”目标提供有力支撑。

（四）就业形势总体稳定，结构性矛盾需关注

仅 2022 年上半年，全国城镇新增就业 654 万人，2024 年，全国实现城镇新增就业 1256 万人，就业形势总体稳定。但结构性矛盾依然存在，青年就业压力大。为此，政府出台一系列就业政策，加大企业稳岗扩岗的支持，鼓励灵活就业和创新创业。中共中央政治局会议强调，“强化就业优先政策，健全就业促进机制”，并指出“加强职业技能培训，提升劳动者就业能力”。政府积极推动外贸结构优化，鼓励企业开拓新兴市场，加快跨境电商等新业态发展。

三、职业教育发展环境

2014 年，国务院在北京召开“全国职业教育工作会议”，并印发《关于加快发展现代职业教育的决定》标志着我国职业教育领域迈入崭新发展阶段。教育部等六部门印发了《现代职业教育体系建设规划（2014—2020 年）》，勾勒出终身教育理念的现代职业教育体系蓝图。

2019 年，国务院发布《国家职业教育改革实施方案》（即“职教 20

条”），强调深化产教融合、校企合作，推动职业教育由追求规模扩张向提高质量转变，着力培养高素质劳动者和技术技能人才。2020 年，教育部等九部门联合发布《职业教育提质培优行动计划（2020—2023 年）》，旨在通过优化布局结构、深化产教融合、强化内涵建设等措施，全面提升职业教育的现代化水平和社会认可，标志着我国职业教育进入全面提质培优、增值赋能的新阶段。

（一）大力发展职业教育的重要意义

职业教育作为教育体系的重要组成部分，其意义深远。它不仅关乎个人职业技能的提升和就业竞争力的增强，更关乎国家经济发展、产业升级。近年来，我国政府对职业教育的重视程度不断提升，一系列重要会议的召开和相关政策的出台，彰显政府的决心和信心。社会对高素质劳动者的需求日益迫切，职业教育以其针对性强、实践性强、与市场紧密结合等特点，成为培养高素质劳动者的重要途径。大力发展职业教育不仅是教育体系自身发展的需要，更是提高劳动者素质、适应产业升级的迫切要求，对我国经济转型升级和高质量发展具有重要的现实意义和深远的历史意义。

1. 大力发展职业教育是提高劳动者素质的迫切要求

随着经济环境的变化，国家科技不断进步，产业结构不断优化，社会对劳动者的素质要求也在不断提高。不同的行业，其生产组织方式、自动化机械化程度、产品技术含量等都不相同，对人才的层次、规格、类型的要求也多样化。在行业和企业发展中起统领作用的科学家、能进入世界高新技术前沿攻坚的科技人才以及高级管理人才直接关系到我国科技和经济的发展水平。同时，在产品研究开发和生产组织实施过程中的各种应用型人才也影响着生产力的发展与提高。但人们往往忽视了大量的劳动者即操作人员，也是我国经济发展和生产建设中不可或缺的人才；高质量的产品需要依靠劳动者的技术、知识和正确的劳动态度来创造。

2. 大力发展职业教育可以缩小技能差距，缓解结构性失业

随着产业升级和经济结构调整，传统岗位减少，新兴岗位增加，导致劳动力市场供需矛盾日益加剧。大力发展职业教育是有效解决该问题的手段之一。职业教育机构通过校企合作，有效掌握产业升级步伐，能够及时调整专业设置和教学内容，从而培养新兴产业发展需求的高素质劳动者和技术技能人才，并有效缩小技能差距，缓解因技能不匹配引发的结构性失业。

3. 大力发展职业教育可以促进社会公平和包容性增长

职业教育通过多样化的教育路径，满足不同学生的兴趣和特长，为学术成绩不突出但具备实践能力的学生提供实现自我价值的平台，为学生提供进入新兴行业、实现职业发展的机会，有效促进教育公平，推动社会的包容性增长。

4. 大力发展职业教育可以有效提升国家竞争力

发展职业教育是提升国家竞争力的关键。当今国家的竞争是人才的竞争，科研人员是人才，同样“大国工匠”也是人才。职业教育通过针对性课程、实践训练及校企合作，培养大批具备国际竞争力的技术工人和专业人才，他们是未来的“大国工匠”。同时，职业教育注重创新创业教育，不断提升学生的综合素质和创新能力，紧跟产业发展，深化产教融合，为经济社会的高质量发展提供有力的人才支撑，有效增强国家竞争力。

（二）现代职业教育体系

当前，虽然在职业教育体系中，中等职业教育仍占据重要地位，但高等职业教育的发展势头强劲，正逐步成为职业教育不可或缺的一部分。对于职教类院校的大学生而言，毕业后不仅有机会成为中职学校的专业课教师，更有可能在高等职业院校乃至应用技术类型本科院校等更广泛的职业教育领域施展才华，成为职业生涯中极具潜力的发展路径。因此，深入理解现代职业教育体系的多元化构成，精准把握职业教育的发展趋势与方向，对职教类院校的大学生而言，不仅是适应就业市场的现实需求，更是规划个人职业生涯、实现职业发展的必然选择。

1. 现代职业教育体系的建设背景

1999 年，国家开始实施高等教育大众化战略，推动我国高等教育实现了 10 多年的大规模发展，高等职业教育成为高等教育的半壁江山，中等职业教育招生人数与普通高中大体相当，高中阶段教育也已基本进入了普及阶段。可以说，我国高中阶段职普教育结构调整、高等教育本专科层次结构调整进入一个相对稳定的时期。

《2016 中国高等职业教育质量年度报告》表明，高职毕业生发展潜力逐步提升，月收入连续 5 年持续增长，专业相关度稳中有升，就业满意度连续 5 年呈上升趋势。

《2021 中国职业教育质量年度报告》表明，高职毕业生就业质量进一步提升，月收入继续保持增长态势，高职院校在产教融合、校企合作方面取得了显著成效，毕业生就业力不断增强。

此外，教育部等九部门印发的《职业教育提质培优行动计划（2020—2023 年）》提出，要实施职业教育“三教”改革攻坚行动，推进教师、教材、教法改革全面深化，提升职业教育质量。

《关于推动现代职业教育高质量发展的意见》及后续相关政策明确提出要“优化职业教育类型定位，深化产教融合、校企合作，推动职业教育与普通教育相互融通”，旨在培养更多高层次的技术技能人才、能工巧匠和大国工匠，以适应并引领经济结构的深层次调整，推动教育结构调整向本科及以上层次深化，职业教育的发展已经迈入从单一层次向独立类型转变的新阶段。

2. 现代职业教育体系的基本内涵

职业教育体系的发展演进是经济社会发展变化和教育分工不断深化的结果，是教育要素、教育结构、教育功能不断优化的过程。现代职业教育体系是不同历史时期，相应区域职业教育体系和相对优化的职业教育关系的外在表现。当前，建立现代职业教育体系是以满足社会技术技能人才需求和促进技术技能人才专业化发展为核心，以制度、标准、资金、师资等辅助系统为支撑，建立政府科学规划、行业有效指导、校企合作育人、与其他教育沟通协调、职业教育与培训统筹发展的体制机制，形成区域布局均衡、行业配套齐全、层次结构合理、要素配置科学、办学形式灵活、培养模式多样、社会广泛参与的办学格局，构建具有开放创新性、多元融合性、动态适应性、系统协调性和服务人本性特征的新型职业教育体系。

3. 现代职业教育体系的特征①

开放创新性。开放是现代社会的基本特征，是创新的前提和基础。职业教育只有对内、对外开放，才能增强发展活力，实现持续健康发展。创新是构建现代职业教育体系的动力特征，是发展现代职业教育的第一推动力。与普通教育相比，职业教育存在产生的滞后性、发展的不完善性、环境的制约性、体系的复杂性和主体的多样性等特点，需要通过理念创新、体制创新、机制创新、制度创新、组织创新、管理创新、模式创新等多维创新来化解发展中的各种矛盾，从而形成一个相对独立和完整的体系。

多元融合性。职业教育是跨界教育，多元融合性是现代职业教育体系的主体特征，也是现代职业教育发展的基本趋势。实施职业教育有“三大支柱”，即基于学校的职业教育、基于工作场所的职业教育和基于社会的职业教育。三大支柱只有形成合力，方能体现职业教育体系的社会效率。产教融合、校企合作、产学研结合、农科教结合，职普融通、职前职后一体、全日制和非全日制并重、学历证书和资格证书融通是多元融合的具体表现，也是职业教育本质的外显。

动态适应性。动态适应性是现代职业教育体系的效能特征。职业教育是经济社会发展的产物，其发展表现出阶段性、动态性和时代性，从而不断适应经济社会发展的要求。从静态来看，适应性既表现为适应区域经济社会发展和国家、企业和产品竞争的需求，又要满足个人提高技术技能水平、职业生涯发展的需求。从动态来看，适应性既表现为根据服务对象的需求变化不断调整完善自身体系和结构，又表现为能够根据国民教育体系的变化而不断发展和完善。

系统协调性。系统协调性是现代职业教育的结构特征。现代职业教育

① 曹晔，刘宏杰. 现代职业教育体系内涵及需处理好的重要关系［J］. 职业技术教育，2014，35（1）：5－9.

是一种教育类型，遵循技术技能人才成长规律和人的全面发展要求，系统培养技术技能人才。职业教育体系需要协调好内外关系。系统内要按照社会对技术技能人才的需求结构，科学定位和布局各级各类职业教育；按照技术技能人才的成长规律和教育规律，统筹协调中等职业教育和高等职业教育发展；职业教育是多类型、多主体的教育，必须协调好各级各类职业教育和各办学主体及相关利益主体之间的关系。职业教育是教育系统的一个子系统，需要协调好与其他教育子系统的关系，要建立职业教育与普通教育、继续教育相互沟通的机制。

服务人本性。服务人本性是职业教育的功能特征。职业是人们谋生就业的手段，是任何人都不能回避的，人们只有有效就业、就好业，才能体面生活，进而促进自身的全面发展。现代职业教育是面向人人、面向全社会的教育，坚持以就业为导向，以服务为宗旨，促进就业和再就业，从而实现体面工作和生活。现代职业教育体系应树立人人成才的观念，开展全纳教育，能够满足各级各类人员接受职业教育的需要；现代职业教育体系要建立庞大的教育培训网络，能够使人们随时随地接受职业教育，促进人们的终身教育和职业生涯发展。

（三）职业教育相关的法律法规

法律是由立法机关制定、国家政权保证其实施的行为准则。法律具有强制性，是国家意志的体现；法律是一种行为规范，对人们的行动具有指导、评价、教育和预测等方面的功能。

大学生必须具备一些与劳动就业有关的法律法规知识，从而加强法治观念，知法守法，自觉地运用法律武器，在未来的职业发展中维护自身的合法权益。职业院校的毕业生更要了解学习职业教育方面的法律法规，以更好地规划自己的职业生涯。

与职业教育相关的法律法规有很多，如《中华人民共和国职业教育法》，它于 1996 年 5 月 15 日第八届全国人民代表大会常务委员会第十九次会议通过，2022 年 4 月 20 日第十三届全国人民代表大会常务委员会第三十四次会议修订，自 2022 年 5 月 1 日起施行，共分为总则、职业教育体系、职业教育的实施、职业学校和职业培训机构、职业教育的教师与受教育者、职业教育的保障、法律责任和附则八章。要求国家建立健全适应经济社会发展需要，产教深度融合，职业学校教育和职业培训并重，职业教育与普通教育相互融通，不同层次职业教育有效贯通，服务全民终身学习的现代职业教育体系。

《职业技能鉴定规定》是自 1993 年 7 月 9 日由劳动部颁发，标志着传统计划经济体制下的考核制度向国家职业技能鉴定制度转轨。

《职业资格证书规定》，是 1994 年 2 月 22 日由劳动部、人事部颁发，确立了职业资格证书的法律地位。

2019 年，国务院印发《国家职业教育改革实施方案》，强调深化产教融合、校企合作，推动职业教育与行业企业紧密对接，提升教学质量，加强师资队伍建设，完善课程设置和教学内容，确保学生掌握最新的技术和技能。

2017 年，国务院办公厅印发《关于深化产教融合的若干意见》，提出产教融合要基本形成“政府企业学校行业社会协同推进的工作格局”，强调加强校企合作，鼓励企业参与职业教育。用 10 年左右时间，完成教育和产业统筹融合、良性互动的发展格局总体形成，需求导向的人才培养模式健全完善，人才教育供给与产业需求重大结构性矛盾基本解决，职业教育、高等教育对经济发展和产业升级的贡献显著增强。

2021 年，人力资源社会保障部等四部门联合印发《“十四五”职业技能培训规划》，明确到 2025 年，职业技能培训覆盖全体劳动者，特别是重点群体和新兴行业。同年，中共中央办公厅、国务院办公厅印发《关于推动现代职业教育高质量发展的意见》，明确到 2025 年，职业教育要基本建成适应经济社会发展需要的现代职业教育体系，质量和效益显著提升。

纵观我国职业教育的发展历程和取得的成果，不难发现，职业教育的发展过程就是其法律法规的制定与完善的过程。未来，国家还将制定和出台更完备的、与职业教育相关的法律法规，以推动职业教育高质量发展。

案例　用人单位无权收取、扣留毕业证、担保金

本科刚毕业的沈同学到单位报到，人力资源部告诉她，只有把毕业证书给单位，双方才能签订劳动合同。小沈不放心，问过同事之后发现，大家的毕业证书原件都放在人力资源部，说是单位的传统。

案例分析：《中华人民共和国劳动合同法》第九条规定：用人单位招用劳动者，不得扣押劳动者的居民身份证和其他证件，不得要求劳动者提供担保或者以其他名义向劳动者收取财物。第八十四条规定：用人单位违反本法规定，以担保或者其他名义向劳动者收取财物的，由劳动行政部门责令限期退还劳动者本人，并以每人五百元以上二千元以下的标准处以罚款；给劳动者造成损害的，应当承担赔偿责任。劳动者依法解除或者终止劳动合同，用人单位扣押劳动者档案或者其他物品的，依照前款规定处罚。

因此，再遇到类似情况时，毕业生可以基于《中华人民共和国劳动合同法》的相关规定向用人单位说“不”，或向劳动仲裁部门求助，切不可盲目地将自己的有效证件交给单位。

理解·反思·探究

1. 国际大环境的发展，对各国的就业会产生哪些影响？

2. 与职业教育相关的法律法规有哪些?
3. 职业技能等级证书的最新政策有哪些变化?

生涯启航

2024年,党的二十届三中全会通过的《中共中央关于进一步全面深化改革 推进中国式现代化的决定》(以下简称《决定》)是指导新征程上进一步全面深化改革的纲领性文件。它充分体现了党中央的历史主动和坚强决心,为以进一步全面深化改革开辟中国式现代化广阔前景指明了方向。《决定》中强调教育、科技、人才是中国式现代化的基础性、战略性支撑。个体要充分把握《决定》中提到的教育科技人才体制机制一体改革,在教育方面,构建终身学习体系、优化知识结构;在科技方面,紧跟科技前沿、培养创新能力;在人才方面,明确自身定位、借助政策优势。积极参与产学研合作项目,促进教育、科技、人才的良性循环,在实践中不断提升自己的能力和竞争力,实现个人价值与社会价值的统一。

第六章　职业生涯决策

经过自我探索和对职业世界的认知，个体可以进行初步的职业抉择，确定大体的职业发展方向。本章内容包括职业生涯决策的基本知识，职业生涯目标的确定，职业生涯规划的原则、方法及实施。旨在帮助个体准确定位未来职业发展，科学地做出职业生涯决策，设立职业目标，设计职业生涯规划书。

第一节 职业生涯决策的类型、原则与方法

生活是由一系列的选择组成的，在做出选择之前，有一个很重要的心理过程就是决策。在依据个人的期望和兴趣、参照自身能力挑选职业，进行初步的职业选择，确定职业生涯的大体方向时，需要个体做出职业决策。

视频 职业生涯决策

职业选择实际上是人们从职业期望、职业理想出发，参照自己的兴趣、性格、能力、价值观等，结合自身所处的外部环境条件，从社会现有的职业中选择一种适合自己的职业，使个人特点与职业需求特征相符合的过程。

如何选择一个称心如意的职业呢？帕森斯提出了职业选择的“三步范式”：首先，要清楚地认识到自身的天赋、兴趣、能力、价值观、限制条件等因素。其次，要对不同行业的工作要求、薪酬水平、发展前景、优缺点以及晋升机会有较为明确的把握。最后，在这两组要素之间进行最佳的匹配。

职业决策又称职业生涯决策或职业决定。广义的职业决策是指一个完整的职业规划过程。狭义的职业决策是指职业规划过程中的一个环节。本书使用广义的职业决策定义。

一、职业生涯决策理论

目前，常见的职业生涯决策理论有标准化职业生涯决策理论、描述性职业生涯决策理论和规范性职业生涯决策理论三种。

（一）标准化职业生涯决策理论

标准化职业生涯决策理论认为，决策者能够加工所有相关信息，做出完全理性的选择，在选择时遵循效用最大化原则。该理论的主要代表是奇兰特①的职业决策过程模式和克朗伯兹②的社会学习论。

（二）描述性职业生涯决策理论

描述性职业生涯决策理论主要解释个体如何从实际生活的职业选项中做

① 奇兰特的职业决策过程模式认为，决策是一连串决定的组合，任何一个新决定都是先前的决定影响所致，而新做出的决定又会连锁影响导致后来一个决定的出现。所以，决策是一个决定又一个决定连锁反应的发展历程，而非单一的孤立事件。

② 社会学习论由班杜拉于20世纪70年代提出，强调个人独特的学习经验对其人格与行为的影响。克朗伯兹将这一观念引用到职业生涯辅导上，用以了解在个人职业决策历程中，社会、遗传与个人因素对于决策的影响。

出决策，其代表性理论有泰德曼①的决策历程理论和丁克里奇②的职业生涯决策风格理论。

（三）规范性职业生涯决策理论

在规范性职业生涯决策理论中，比较有代表的是彼得森等人的认知信息加工理论。详见本书第二章。

二、职业生涯决策类型

职业生涯决策包括以下类型：

（一）理性型

此种决策类型的人逻辑严密，能系统、充分地搜集职业生涯相关信息，且分析各个选项的利弊得失，按部就班，以做出最佳的决定。

（二）直觉型

此种决策类型的人以自己在特定情境中的感受，或者情绪反应为依据，做出直接的决定。这类人做决定全凭感觉，较为冲动，很少能系统地搜集相关信息，但他们能为自己的抉择负责。

（三）依赖型

此种决策类型的人常等待或依赖他人为自己搜集信息和做出决定，较为被动和顺从，十分关注他人的意见和期望，从而进行自己的选择。

（四）犹豫型

此种决策类型的人因为选择的项目太多，无法从中作出取舍，经常处于挣扎的状态，下不了决心。

不同的职业生涯决策类型各有其优劣之处，都可以在某种程度上满足决策者的需要。

三、职业生涯决策的方法

要做出一个合理并且客观的决策，需要进行理性分析。在很多时候，我

① 泰德曼的决策历程理论特点是把职业选择作为一个持续不断的历程，而非发生在单一事件上。
② 丁克里奇的职业生涯决策风格认为，职业生涯决策风格是指不同的人在做事方式上所表现出来的习惯偏好。

们并不忽略理性的存在，而是缺乏分析和方法上的指导，下面介绍两种简单且有效的职业生涯决策的常用方法：SWOT 分析法和决策平衡单法。

（一）SWOT 分析法

SWOT 分别是四个英文单词的首字母，即优势（strengths）、劣势（weaknesses）、机会（opportunities）、威胁（threats）。所谓 SWOT 分析，指的是在四个维度上进行分析，然后通过矩阵式交叉分析，找出适合自己的基本策略。

视频 SWOT 分析法

1. 优势

对于大学生而言，优势主要分为个人优势和资源优势。个人优势指的是纯粹属于个人因素、不随外界因素变化的优势，比如，有些人口才很好，有些人交际能力出众，有些人具备某些文艺、体育类特长，还有些人对某一领域有深刻的见解，这些都是优势，也比较显性，自己很容易就能把握。口才好的人可以从事需要与人打交道、谈判、说服类工作；有文艺、体育类特长的人，进入公司后可以借此很快和同事打成一片，增进人际关系；在某一领域有深刻见解的人，很容易与同样深耕该领域的人建立共同话题，善于发挥自己的优势。

还有一些优势则相对隐性，如对数字很敏感，逻辑性强，善于搜集信息、情报，在团队中有很强的影响力等，不管对职业有无帮助，都可以先罗列。如果担心自己罗列得不够全面，还可以请同学帮忙，互相提醒。

除了要列出自身的优势外，个体还要列出自己的资源优势。所谓资源优势，包括人力资源、财力资源、品牌资源、知识资源等。比如你的父母或亲戚有一定的社会关系；你的家庭可以直接给你一大笔资金用于投资创业；你就读的学校是名牌院校，口碑很不错；你所学的专业刚好市场稀缺。有些比较独立的同学，不想借助家庭的资源而想真正凭个人努力去获得成功，他们无意中拥有了一项很重要的个人优势资源——独立意识和挑战欲望。

2. 劣势

劣势是相对于优势而言的、个体欠缺的地方。找出劣势，对于职业生涯规划的意义非常重大。在懂得做加法之前，应学会做减法，这样可以帮助我们降低挫败的概率。

过度自信和过度自卑都可能影响我们的判断力。首先，不要把“没有优势”直接看作“劣势”，在某方面没有优势仅说明还不够出众，如果妄自菲薄地看作“劣势”，它就可能真的成为劣势了。你可以针对前面所提出的一些角度，进一步分析自己的劣势，要严格、客观地剖析自己：如不善言辞、易害羞；做事粗枝大叶、知识匮乏，专业冷门或太过热门等。分析劣势的目的不是使自己变得更沮丧，而是使自己了解应该如何避开这些劣势，使自己的职业之路走得更顺利。

大学生有些较普遍的劣势，需提醒自己注意。比如缺乏经验、自我期望较高并由此造成职业的不稳定性、理论与实践的衔接不够等。

3. 机会

机会主要由外界提供，如学校可能提供的诸如出国交换、进修访学、保研、对口实习等机会。机会分析需要宽广的视角，宏观上包括国家的经济形势、产业政策、法律法规、各区域的产业发展态势、行业趋势等，微观上包括搜集到的企业、政府部门、人才市场、学校或师长提供的各类有利的信息。尤其要关注新生的、高增长预期的、与自己专业或自身优势有关的边缘性、复合型职业领域。

4. 威胁

威胁既包括人才市场竞争激烈，人才需求饱和，所学专业领域发展过缓甚至衰退，出现了新的低成本竞争者（甚至是技术上的替代者），人才需求方过强的谈判优势，不利的政策信息，新提高的职业门槛等；也包括来自自身的，比如身体健康隐患，家庭的不稳定因素，糟糕的财务状况及还款压力等。“威胁”一词乍听会让人有些心理不适，但如果个体能事先预防威胁情况的发生，就预先确立了一定的优势。所以，普遍存在的各类威胁可能成为个体参与社会竞争的有力工具。

企业市场分析人员经常使用SWOT分析法来分析整个行业，获取相关的市场资讯，为高层提供决策依据。其中，优势和劣势是内部因素，机会和威胁是外部因素。同时，SWOT分析法也广泛适用于个人职业生涯决策，它是检查自己的技能、能力、职业喜好、职业机会的有效工具，会明显地呈现出个人的优点和缺点，以及在职业道路上的机会和威胁。

（二）决策平衡单法

在决策过程中对可能的选择进行评估时，一般最有效的方法是使用“决策平衡单”，它将重大决策的思考方向集中到四个主题上：个人物质方面得失、个人精神方面得失、他人物质方面得失、他人精神方面得失。

视频 决策平衡单法

在使用时，先列出你有几个可能的选项，一般为3～5个，然后判断利益得失情况。

在决策平衡单中，计算分数从－5～5（最重要的加5分，最不重要的减5分，0分表示可有可无）。对每种选择打完分数后，可以为关键因素加权（乘以1～5倍），加权比重依个人情况而定。逐一计算每种因素的得分，最后相加求和就可以得到合计分。

表6－1是一名大学生在选择毕业出路时列出的决策平衡单。

在决策平衡单中，个人物质方面得失的因素包括收入、健康、工作时间、休闲生活、未来展望。个人精神方面得失的因素包括兴趣、成就感、改变生活状态等。他人物质方面得失的因素包括家庭收入、家务分担情况、与家人相处的时间、与朋友相处的时间等。他人精神方面得失的因素包括家人的荣誉感、家人支持、家人担心等。

表 6-1 大学生选择毕业出路决策平衡单

		考研			就业（到职业院校当教师）			创业		
		分数	加权	小计	分数	加权	小计	分数	加权	小计
个人物质方面得失	收入情况	−5	×4	−20	2	×4	8	5	×4	20
	健康状况	2	×3	6	1	×3	3	−1	×3	−3
	工作时间	0	0	0	5	×1	5	−4	×1	−4
	休闲生活	2	×2	4	3	×2	6	−3	×2	−6
	未来展望	4	×5	20	−2	×5	−10	4	×5	20
个人精神方面得失	兴趣发挥	5	×5	25	1	×5	5	4	×5	20
	成就感	5	×4	20	−1	×4	−4	5	×4	20
	改变生活状态	2	×1	2	1	×1	1	4	×1	4
他人物质方面得失	家庭收入	−2	×2	−4	2	×2	4	3	×2	6
	家务分担情况	−1	×1	−1	2	×1	2	−2	×1	−2
	与家人相处的时间	1	×2	2	3	×2	6	−2	×2	−4
	与朋友相处的时间	2	×2	4	3	×2	6	−3	×2	−6
他人精神方面得失	家人的荣誉感	4	×2	8	2	×2	4	3	×2	6
	家人支持	2	×2	4	1	×2	2	2	×2	4
	家人担心	1	×1	1	−2	×1	−2	−4	×2	−8
合计		71			36			67		

在最后得分中，考研得 71 分，直接就业到职业院校当教师得 36 分，自己创业得 67 分，经过角色平衡之后发现，考研是第一选择。

决策平衡单中列出的因素是你觉得对自己的选择有最重要影响的内容，可以根据个人的选择增加或删减。

确定职业目标需要合适的决策。职业生涯决策要结合自己的兴趣、性格、能力和价值观。职业生涯决策还要考虑实际情况，具有可执行性。同时，职业生涯决策必须具有可持续发展性。

案例

小马是某高校财务管理专业的一名本科生，学习成绩优异，考取了《注册会计师证》。她的梦想是成为一名金融行业的高级职业经理人。临近毕业，她有两个选择：

第一，她被某中职学校聘为财务管理专业教师，专业对口，同时成为一名教师也是父母的期望。

第二，某企业给她发了工作邀请函，职位是审计，薪酬和待遇均有一定的诱惑力。

假设你遇到了像小马一样的问题，请用决策平衡单法为自己选择职业。

第二节　确定职业生涯目标

职业生涯路线（或路径）选择是指一个人在选定职业、确立职业目标后，决定从什么方向、沿着哪条道路前行，从而实现职业生涯目标。确定职业生涯目标是个人职业生涯发展的重要环节之一。

案例　袁隆平：时代脊梁

一、职业生涯目标的层次

在现实生活中，职业规划经常会随着时间和周围环境的影响而改变。为了真正有效地实现自己的目标，有必要根据不同的任务和目标将职业规划分为不同的阶段，每个阶段有不同的短期目标，并一步一步地实现。这样在实施过程中就有一定的方向和自我约束力。职业生涯目标大致分为四个层次。

视频　目标的层次及分类

愿景目标：一个人内心永远的向往。

职业方向目标：一个人最终要达到的职位、职称等。

长期目标：通常指 5—10 年的目标。

行动目标：短期内可实现的目标。

二、职业生涯目标的分解与组合

视频　设计职业生涯路径

在确定职业生涯目标后，还需要在路线上设置一些节点——阶段性目标。这些阶段性目标的设立既是对自己前期工作成绩的肯定，也是对自己下一阶段工作的督促，这就是目标分解。目标分解是使目标具有可操作性。另外，个体还需要对目标进行组合，目标组合是处理不同目标之间的关系。

（一）职业生涯目标的分解

职业生涯目标的分解是指根据观念、知识、能力差距等，将职业生涯规划中的最终目标分解为不同性质或阶段的目标。职业生涯目标的分解方法主要有按性质分解和按时间分解两种。

1. 按性质分解

职业生涯目标可分解为外职业生涯目标和内职业生涯目标。

外职业生涯目标是指从事职业时的工作单位、工作地点、工作内容、工作职务、工作环境、工资待遇等因素的组合及其变化过程。例如，职务目标：销售部经理、经营总监。经济目标：30 岁之前挣够 20 万元，40 岁之前挣够 100 万元。

内职业生涯目标是指从事一项职业时所具备的知识、观念、心理素质、能力、内心感受等因素的组合及其变化过程。例如，工作成果目标：销售经理用一年的时间建立公司的营销网络管理体制。心理素质目标：在《生活事件量表》上的得分小于 20 分。

2. 按时间分解

职业生涯目标可分解为最终目标、长期目标、中期目标和短期目标。按时间分解职业生涯目标是给按性质分解的目标做出明确的时间规定。

链接　生涯幻游

在这个过程中，要区分最终目标与阶段目标。最终目标取决于一个人的价值观念、知识和能力水平，是对环境、企业、自身条件、家庭条件进行优化分析之后得到的结果。有人在 30 岁时已经能预见自己职业的最终目标，也有人到退休时仍未能搞清楚自己的最终目标。职业生涯目标的期限体现着一个人的心理成熟程度。一般情况下，确定最终目标是在确定职业锚之后。

（二）职业生涯目标的组合

目标组合是处理不同目标之间相互关系的有效措施，主要着眼于各目标之间的因果、互补关系。它包括时间上的组合、功能上的组合和全方位的组合三种。

1. 时间上的组合

职业生涯目标在时间上的组合可分为并进和连续两种情况。

并进是指同时着手实现两个现行工作目标（如有的企业行政总监实际是在完成人力资源经理和行政经理两项工作），或是指建立和实现与目前工作内容不相关的预备职业生涯目标（如一位秘书为了今后的发展，在做好本职工作的同时利用业余时间学习新闻专业的研究生课程）。

连续是指目标之间的前后关系，即实现一个目标后再进行下一个目标。一般而言，短期目标是实现长期目标的支持条件。目标的期限性是相对的：随着时间的推移，长期目标成为中期目标；中期目标成为短期目标。只有完成每一个短期目标，才能实现最终目标。

2. 功能上的组合

职业生涯目标在功能上的组合可以产生因果关系和互补作用两种情况。

因果关系。有些职业生涯目标之间有非常明显的因果关系，比如能力目标的实现（原因），将有利于职务目标的实现（结果）；职务目标的实现（原因），会带来经济收入目标的实现（结果）。通常情况下，内职业生涯目标是原因，外职业生涯目标是结果。例如，经济目标设定为 5 年以后年薪达到 70 万元。要想使这一目标变成现实，有两种可能：一种是工作业绩非常优秀，另一种是工作职务有很大的提高，其必要条件是能力提升。如果想要得到能力提升这个结果，就必须更新知识、树立新的观念，然后去实践。

互补作用。管理人员希望在成为优秀的部门经理的同时得到工商管理硕士（MBA）的证书，这两个目标之间有着直接的互补作用：实际管理工作为 MBA 的学习提供实践经验；而 MBA 的学习又为实际管理工作提供理论和方法指导。

3. 全方位的组合

全方位的组合是指个人事务、职业生涯和家庭的均衡发展、相互促进。目标组合可以超出职业生涯范围而与人的全部生活动联系起来。个体在建立职业生涯目标时，应考虑自己在个人发展、家庭生活和职业生涯发展中的各种愿望。

案例　某同学职业生涯目标的分解与组合

职务目标：3 年内成为中型企业的中级软件设计师；
5 年内成为中型企业的技术部主管；
10 年内成为跨国软件企业的部门经理。

能力目标：3 年内精通软件及网络技术；
掌握与计算机软件技术相关的最新技术发展趋势；
5～6 年内能游刃有余地协助领导管理技术团队。

成果目标：在 5 年内带领团队完成 3 个软件的开发工作。

经济目标：3 年后年薪达到 15 万元；
5 年后年薪达到 30 万元；
10 年后年薪达到 80 万元。

你认为这位同学的职业生涯目标可以实现吗？

链接　用 SWOT 分析法确定目标和设计路径

第三节 设计职业生涯规划书

每个人，特别是刚毕业即将步入社会的大学生，都对未来有无限的憧憬，内心深处都有一个对自己的工作和前程的设想和预测。科学的职业生涯规划不仅能帮助个体按照自己的客观条件找到一份合适的工作，实现职业生涯目标，还能帮助个体真正了解自己，正确评估自己的能力，获得自我实现。

视频 职业生涯规划步骤

一、职业生涯规划步骤

职业生涯规划是一个长期的连续过程，需要设计一套程序来保证其顺利实施。一般认为，这个过程包括自我评估、环境评估、理想职业目标选择、职业生涯路线选择、制定实施方案、实施、评估与反馈七个步骤，如图 6－1 所示。

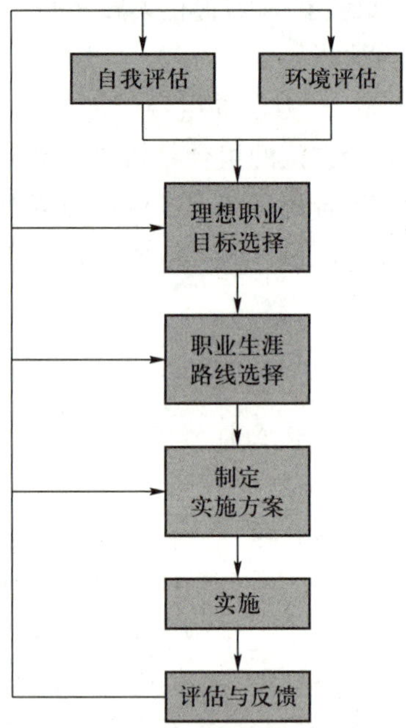

图 6－1 职业生涯规划流程图

（一）自我评估

在进行职业生涯规划时，首先要进行自我评估，即了解自我。我们要对自己进行客观评估，看清作为个人职业生涯规划的第一大要素——“知己”，了解自己的现状与未来志向之间的差距，还要端正态度、脚踏实地、稳步前进。

（二）环境评估

每个人都处于一定的社会环境中，或多或少地与各种组织有着关联。因此，职业生涯规划也就离不开对这些环境因素的了解和分析。具体来说，我们要了解自己所处环境的特点，发展变化的趋势，自己与环境的关系，自己所处的地位，对自己有利或不利的条件等。这些外部条件对寻找恰当的职业生涯发展路径是至关重要的。

（三）理想职业目标选择

理想职业目标就是个体对所立志向的具体化和形象化，是建立在自我认知和对环境科学分析的基础上，具有最大实现可能性的志向。选择理想职业目标要具有一定的挑战性，同时也要合乎自己的特点，顺应环境的变化趋势。选择理想职业目标需要我们不断摸索和尝试，但原则上要忠于自己的志向。理想职业目标的选择程序如图 6－2 所示。

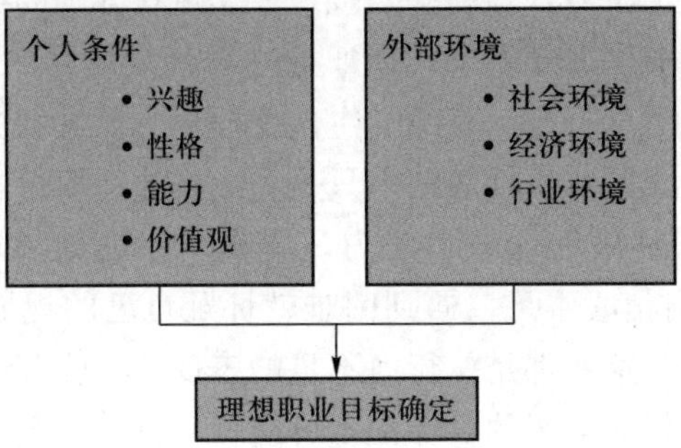

图 6－2　理想职业目标的选择程序

（四）职业生涯路线选择

每个人的现实状况与理想职业目标之间存在多种可供选择的路径，可以选择不同的行业，选定了行业还可以选择不同的企业，选定了企业还可以选择不同的职位起点等。这就是职业生涯路线选择。

（五）制定实施方案

职业生涯路线的实施方案可以分三步完成：对准差距、找对方法、确定实施步骤与完成时间。对准差距是指要找到思想观念、知识、心理素质、能力方面的差距。找对方法是指在了解自身条件、分析差距的前提下，找到适合自己缩小差距的方法。在完成这两步后，个体还要确定实施步骤与完成时间。

（六）实施

所有的规划、设计都要依靠个体具体的实施来完成。“说一尺不如行一寸。”任何希望、计划最终都要落实到行动上。只有行动才能缩短现状与目标之间的距离，只有行动才能把理想变为现实。做好每件事，既要心动，更要行动。如果只会感动羡慕，不去流汗行动，那么成功就是一句空话。

（七）评估与反馈

影响职业生涯的内外因素有很多，有些变化是可以预测并加以控制的，但是更多的变化是难以预测的。在这种情况下，要使职业生涯规划行之有效，就需要根据实际情况对其进展作出评估，并适时进行修正。个体既可以只对某个阶段性目标的实施进行修正，也可以对理想职业目标进行修正，但这一切都应符合客观现实。

“说起来容易，做起来难。”大学生职业生涯规划也是这样，实施规划要比制定规划艰难得多。大学生职业生涯规划在实施中常见的问题主要表现在以下四个方面。

一是规划设计完美，但执行力不足。大学生常出现的一个问题是理论联系实际不够，重理论思辨，轻动手实践。大学生在教师的帮助下，基本上都可以设计出一份职业生涯规划书，但职业生涯规划的目的在于执行和实施，一些学生往往忽视了这一点。有的学生仅把职业生涯规划当成一门不得不学的课程，制作和提交职业生涯规划书只是完成作业、取得学分；有的学生在执行职业生涯规划时缺乏意志和毅力，要么“小成即满”，要么“遇挫即退”；还有的学生自信心不足，遇到困难就怀疑自己的规划，担心目标定高了，常常半途而废。这些都是执行力不足的表现。实施职业生涯规划需要坚定的意志和信念。任何美好的目标都不可能唾手可得，提高执行力是职业生涯规划实施的先决条件。

二是在规划实施过程中评估不得法，反馈修正不力。职业生涯规划具有可调整性，调整的目的在于优化规划方案，确保职业生涯目标的实现。由于大学生的职场经验不足，职业生涯规划难免会存在一些问题，这些问题必须在实施过程中通过信息反馈进行修正。及时反馈修正是职业生涯规划顺利实施的保障。因此，大学生在制定自己的职业生涯规划之后，在实施过程中还应制定评价标准及评估的时间和方法，然后根据职业生涯规划的执行情况和具体情况的变化对职业生涯规划进行及时调整，以便收到更好的成效。但有的大学生循规蹈矩，不敢也不善于对变化作出调整；更多大学生则是没有掌握评估的技术和方法，难以发现职业生涯规划实施中的问题。

三是规划实施的时间节奏把握不好，很难有效地实施计划。职业生涯目标的设定讲究时间梯度，实现职业生涯目标需要将其进行必要的分解，即将总体目标在纵向、横向或时序上分解到各个层次、各个阶段，然后由远及近逐步细化实现目标的行动计划。有些学生在确定总体目标后，没有对目标进行分解或目标分解得不合理。要么近期目标不明确，没有可执行的行动计划，导致之后的目标不能实现，草率了事；要么近期目标设置不合理，刚一开始就把自己压得喘不过气，以致丧失信心。分解职业生涯目标应注意分目标与总体目标方向的一致性，各分目标要有具体的目标值和完成时限要求，要有较为详细的行动计划方案，各分目标之间在内容与时间上要协调、平衡，统筹发展。

四是在规划实施过程中存在盲目性和随意性，缺乏科学的理论指导。我国大学生职业生涯规划的实施虽然起步较晚，但同样具有较强的理论基础和科学性。一些大学生认为社会发展太快，尤其是进入信息化社会后，许多事情是未知和无法预料的，正所谓“计划赶不上变化”，打算得再好到时候也许什么都用不上，因而不能以正确的态度对待大学生职业生涯规划。部分学生虽然对职业生涯规划的实施有计划，但在实施中呈现出随意性，跟着感觉走，由于缺乏对行业、职位详细信息的了解，体验不到真正的职业环境，大学生的职业生涯发展方向还存在一定的不确定性，很容易受到社会热点和突发事件的影响，表现出盲目性。

二、撰写职业生涯规划书

（一）写作要求

职业生涯规划书不是用来装点门面的，其设计要紧密结合自身特点和外部环境，是对自己未来发展道路进行计划和安排的一份书面文件。自我认知分析、职业目标定位、外部环境分析是职业生涯规划的要素，职业生涯规划和职业评估修正构成了职业生涯规划书的框架。

视频　撰写职业生涯规划书

（二）大学生职业生涯规划书的一般格式

1. 封面

署上作品名称和撰写时间，可以在封面插入图片和警示格言。

2. 扉页

姓名：××　　　　　性别：×

年龄：××岁　　　　籍贯：××省××市/县

所在学校及学院：××大学××学院

班级及专业：××级××专业

学号：××××××××××

联系地址：××××××××××

邮政编码：××××××

联系电话：×××××××××××

E-mail：×××××××××××

链接《生命使用说明书》

3. 目录

4. 前言

5. 正文

第一部分　自我认知

个人基本情况

职业兴趣

职业能力及适应性

个人特质（性格）

职业价值观

胜任能力

自我分析小结

第二部分　职业认知

家庭环境分析

学校环境分析

社会环境分析

职业环境分析

职业生涯条件分析小结

第三部分 确定目标（SWOT 分析法）

第四部分 实施方案

第五部分 评估调整

评估内容

评估时间

规划调整原则

第六部分 结束语

理解·反思·探究

1. 如何确定职业生涯目标？
2. 职业方向的确定应该遵循什么原则？
3. 当你面临诸多选择时，应该如何确定自己的职业生涯目标？
4. 小赵毕业于某名牌大学，性格坚强，有上进心，刻苦，学习能力强。她的目标是高级财务经理。但她在毕业之前同时收到英国某大学的录取通知书和某全球500强企业的录用通知。在留学与就业之间，小赵犹豫了。如果你是小赵，你会如何选择？

生涯启航

新高考要求学生根据兴趣和自身发展规划确定选考科目，进一步依据专业确定大学。无论是学科选择、志愿填报还是学生未来的长远发展，都离不开高中阶段的生涯规划教育。在高中进行生涯规划教育，一方面符合育人为本的教育基本规律，满足学生个性化自主发展的需求，有利于成功成才目标的达成；另一方面也对学生提出更高的“做好选择”“规划人生”的要求，要求学生对自身的个性、特点、学科优势等有更清晰的自我认知，逐渐认识当下学习与未来自身发展之间的联系，要具备处理好个人特长与未来职业发展关系的能力，为学生终身发展带来理性思维方式和人生决策。

生涯决策是生涯规划的最终方案，是将个人信息、目标信息和社会信息进行整合并综合分析的过程，也是实施选择和采取行动的准备过程。教师可以通过班级辅导课程、团体生涯辅导和隔日生涯咨询等多种形式协助学生深化探索，指导学生权衡利弊，引导学生自主决策。学生也要做好心理准备、信息准备和人际准备，掌握生涯决策方法，如 SWOT 分析法等，通过信息的沟通、分析、综合和评估等环节确定最优方案。

第七章　职业生涯规划的反馈与调整

职业生涯规划的反馈与调整过程既是个体不断认识自己的过程，也是个体不断认识社会的过程，是使职业生涯规划更加有效的手段。个体要根据经济社会发展和自身条件的变化，对职业生涯规划进行有效反馈与适时调整。

第一节 职业生涯规划反馈

职业生涯规划是动态的、可调整的，因为在不同的社会背景下，对职业能力的要求是动态变化的。在整个职业生涯中，动态性与可调整性贯穿始终，个体要对自己设定的职业生涯规划做出及时反馈。

一、职业生涯规划反馈概述

视频 职业生涯规划反馈

职业生涯规划反馈指的是我们在职业生涯规划的制订与实施过程中，围绕职业生涯规划进行及时有效的信息收集、整理和分析。获取反馈信息要求我们注意内外部环境的变化，不断地审视自我。反馈是评估与调整的基础，可以确保职业生涯规划的有效性。

（一）反馈信息的收集与分析

1. 收集反馈信息的渠道

要全面了解反馈信息，就要做到对信息的全面收集，至少收集三方面的信息：学习领域、工作领域与非工作领域。

（1）学习领域。该领域收集的信息包括学业成绩、班级、社团学生会、实践兼职等方面。反馈信息的收集渠道包括专业课教师、辅导员、实习实践指导教师、社团学生会成员等相关人员。这实际上要求我们将与自己密切接触的人员整合成人际网络，尽量做到相互交流、相互支持、相互鼓励、相互反馈指导。把自己的想法、经验、感受等讲给人际网络里的人听，这种沟通是很有益处的，因为他人提供的信息有助于我们改善自身。

（2）工作领域。反馈信息的收集渠道包括上级主管、同事、下属、客户等与自己接触密切的人员。与自己工作领域的相关人员交流是职业生涯发展中非常必要且有益的事情。我们通过这种交流可以了解自己的状态，包括优势与劣势、成绩与不足，以及在组织中的发展空间等，逐步完善职业生涯规划。

（3）非工作领域。从学习与工作之外的领域获得反馈信息是因为职业发展离不开社会、家人、朋友等因素的影响。每个人的职业发展过程都会受到社会、家庭等方面的重要影响。

2. 分析反馈信息

从以上三方面收集的反馈信息是比较全面的，但出于一些主观和客观的原因，反馈信息会出现一定的误区和偏差。这就要求我们及时、有效地处理收集到的反馈信息，对信息进行有效性及实用性分析，筛选出对自己有帮助的信息。这样得出的反馈信息能更好地帮助我们调整职业生涯规划。

（二）职业生涯规划反馈的方法

职业生涯规划反馈的方法主要有两种：360°评估和PDCA循环法。前者已经在前文介绍，此处主要介绍后者。

PDCA循环法由美国质量管理和统计学专家戴明于20世纪60年代创立，是一种全面质量管理的重要方法。其中，P表示计划（plan），D表示执行（do），C表示检查（check），A表示处理（act）。PDCA循环法是指在管理工作中，按照“计划—执行—检查—处理”的工作顺序，周而复始地循环运转。PDCA循环法存在于所有领域，把它应用于职业生涯规划，可以保证职业生涯的实施和持续改进，提高职业生涯规划质量。

1. 计划阶段

此阶段的任务是分析现状，确定企业和员工职业生涯规划的目标，做好计划安排工作。主要工作内容包括：第一，分析企业和员工的现状。企业的现状包括企业存在和发展的社会条件、经营环境、运营状况、发展战略、组织结构、人力资源规划、工作分析和业务指南。员工的现状包括个人素质（如教育背景、工作经历、培训状况、目前具备的技能或能力、优势和不足）和心理需求（如兴趣爱好、工作理想和追求）两大方面。第二，寻找最佳契合点。对员工来说，心理需求要与个人素质相匹配，个人自我实现目标要与企业组织发展目标相匹配。个人价值建立在企业价值和自身条件的基础上，是做好职业生涯规划的前提条件。第三，遵循“审视自我—企业检验—目标设定—职业选择—生涯策划”的路线。员工要正确审视自我，对自我及企业环境了解得越透彻，职业生涯规划就做得越好。企业要对员工的知识、特长及技能进行审查和检验，对员工个人的职业兴趣、工作理想和资质潜能进行评估和记录。结合员工的自我审视，制订“员工能力开发需求表”，以备日后对照检验、不断完善。目标的设定要切实可行，建立在最佳契合点上。职业生涯规划要分阶段，并且设有明确的开始执行时间和目标实现时间，制订“员工职业生涯规划表”。

2. 执行阶段

此阶段的任务是按照已制订的“员工职业生涯规划表”，认真贯彻实施，努力提高职业生涯规划的质量。一方面，企业通过提供必要的教育培训，协调各部门配合实施职业生涯规划，沟通了解职业生涯规划的进展状况并给予指导帮助、进行绩效考核，提供晋职、晋级、轮岗等机会。另一方面，员工要更多地按照职业生涯规划进行自我管理，努力工作，提升自我，展现良好业绩，实现自身价值。这是职业生涯规划成功的关键。每个阶段目标的实现都会增加员工的满意度和成就感，增强企业的凝聚力、提升竞争力。

3. 检查阶段

此阶段的任务是对照职业生涯规划，检查执行的情况和效果，及时发现和找出职业生涯规划执行过程中的成效与不足。企业对照“员工能力开发需求表”和“员工职业生涯规划表”，全方位、多角度地检查评估，了解企业为员工提供的教育培训是否有效，了解员工的绩效考核、晋升情况，倾听员工的诉求并做出全面、客观的总结。

4. 处理阶段

此阶段的任务是在检查的基础上，分析总结实施结果，肯定成功的经验，以工作规范或标准化的形式巩固成果。对失败之处吸取教训、改正缺点；对尚未解决的问题，转入下一轮 PDCA 循环中解决。

运用 PDCA 循环法应注意以下问题：判定职业生涯规划阶段性成效的标准是企业的发展目标是否实现，员工的工作效率、满意度和责任心水平是否提高。对造成不利影响的因素要加以修正，如完善教育培训计划，调整员工人生目标和职业路线，明确目标方向、考核标准和结果，落实主管和员工责任等。在应用中，企业还必须加强沟通和评审，强化教育培训，完善绩效考核和人员调配。职业生涯规划的 PDCA 循环是一个螺旋式上升的过程，每循环一次，就取得一个阶段的职业发展成果，员工的积极性就提高一步，从而进入下一轮更高层次的循环，下一循环中又会有新的目标和计划，职业生涯规划过程将不断改善。

企业作为一个经济组织，随着内外部环境的变化，一直处于动态发展过程中。员工作为复杂的、想要自我实现的个体，其成长与发展也会随着价值取向、个人喜好、职业生涯发展阶段的变化而变化。以上两点决定了职业生涯规划的制订与反馈必须是一个动态过程。把 PDCA 循环法应用于职业生涯规划的构建和管理中，有利于实现企业目标和员工个人价值的“双赢”。

（三）职业生涯规划反馈的类型

从反馈发生的时间来看，反馈贯穿整个职业生涯规划与实施过程。职业生涯规划就是一个不断反馈的过程。

1. 前期反馈、中期反馈和后期反馈

按发生时间，职业生涯规划反馈可分为前期反馈、中期反馈、后期反馈。

（1）前期反馈。前期反馈也称探索期反馈。在明确职业发展后，个体对自我进行认知，包括兴趣探索、性格探索、能力探索、价值观探索、工作世界探索等。前期反馈的主要任务是帮助个体初步认识自己，并建立职业生涯规划档案。各种类型的测评工具是获取反馈信息的有效方式。此阶段的工作主要由学生、专业辅导教师、职业生涯规划师共同完成。此时的反馈主要是正反馈，即对反馈问题给予解答和引导，产生积极影响。

（2）中期反馈。中期反馈也称决策期反馈。当完成探索任务、对自己有了初步认识后，个体开始制订职业生涯规划。此时的反馈，即决策过程中的反馈就是中期反馈。中期反馈的主要任务是个体根据自我的实际情况，制订符合人生发展的职业生涯规划。其中，CASVE 循环、SWOT 分析法、决策平衡单法等决策模型都属于中期反馈常用的方法。此时的反馈多为正反馈，即根据自身的情况制订符合自己的职业生涯发展规划。中期反馈也有负反馈，如发现自身的愿景与职业生涯发展规划相冲突时，及时进行调整。

（3）后期反馈。后期反馈也称执行期反馈。在具体执行职业生涯规划时，个体逐渐发现存在的问题，根据职业生涯目标进行适当调整。后期反馈的主要任务是付诸行动后的调整与提高。此阶段的反馈多为负反馈，即根据负面信息进行调整。

2. 正式反馈和非正式反馈

按照作用方向，职业生涯规划反馈可分为正式反馈和非正式反馈。

（1）正式反馈。正式反馈是通过程序化和有组织的过程进行的。学生时代的正式反馈通常用学生综合素质反馈登记表、学生综合素质评价手册或学生成长档案反映，可以包括思想品德、学业水平、身心健康、艺术素养、劳动与社会实践等五个方面。一般认为，不同大学、不同专业对学生素质结构的要求不同，但在进行必要的单位换算和加权处理后，这五个方面的分值可以形成一个综合素质评价值。综合素质反馈登记表可以分为自我评定、同伴互评、班级评定和综合评定四个评价阶段，使学生知道自己的哪些能力需要发展提高，从而加以改进。

（2）非正式反馈。非正式反馈是指学生在日常学习、工作交流中互相提供反馈信息。这种方式非常简便，由教师或同学（朋友）直接对其缺点或错误提出意见，还可以通过写感谢信、当众表扬或教师当面赞许等方式来传递。通过非正式反馈，个体可建立起重要的人际交流渠道，为职业生涯规划的正式反馈奠定基础。

二、职业生涯规划反馈机制的构建

视频　职业生涯规划反馈机制的构建

在最初制订职业生涯规划时，由于对自身条件及外界环境都不十分了解，最初确定的职业目标往往比较模糊甚至脱离实际。经过一段时间的学习与工作后，个体通过对环境以及自身特点的进一步认识，可以检查自己的职业定位与职业方向是否合适。这时，职业生涯规划反馈机制有助于调整自我认识偏差，保证职业生涯规划行之有效。同时，它还可以提高实现职业生涯目标的信心。职业生涯规划反馈的内容包括：收集反馈信息，自我评估，环境评估，职业目标再确认，职业生涯策略的制订与实施，生涯规划反馈、评估与调整（如图 7－1 所示）。

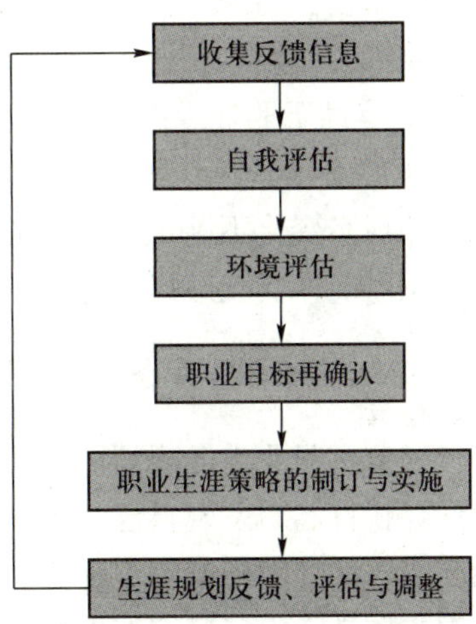

图 7－1　职业生涯规划反馈机制流程

（一）构建职业生涯规划反馈机制的意义

从图7－1中可以看出，构建系统的职业生涯规划反馈机制有助于职业生涯规划机制的建立和有效运作。在职业生涯规划的不同实施阶段，反馈机制都有其具体意义。

1. 有助于增强自我认识，有效制订职业生涯规划

自我评估是个人职业生涯规划的起步，也是获得可行的规划方案的前提。自我评估的主要内容是认识自我，包括兴趣、特长、性格、气质、能力、价值观等。自我评估需要个体充分认识自我，除选择一些专业心理测评工具外，职业生涯规划反馈机制的设置还包括自我反省、自我总结，以及在实际生活及工作中的体验。此外，自我评估具有一定的片面性，因此需要听取他人的反馈意见，这样才能有助于自内而外的反馈机制的建立。

2. 有助于增强对职业生涯环境的认识

职业生涯环境因素对职业生涯发展的影响是巨大的。所以，必须认清职业生涯环境，顺应社会需求，实现自我目标。其反馈机制的设置包括分析、评估和预测职业环境特点及其对自身的影响，找出有利因素和不利因素，弄清个体在这种环境下能够做成什么，并给予指导。

3. 有助于确立职业生涯目标

职业生涯规划的核心目的是帮助个体最终实现职业生涯目标，进而获得理想生活。反馈机制的设置目的是帮助个体分阶段地实现职业生涯目标，即将最终的职业生涯目标分割成阶段目标，增强个体的动力与信心，逐步实现阶段目标，最终实现人生目标。

4. 有助于行动方案的落实与实施

制订职业生涯规划后需要通过行动方案加以实现。行动方案包括职业生涯发展路径、时间安排等。对行动方案的反馈，可以起到监督、提醒、引导、修正的作用，有助于落实措施及达到目标。

5. 有助于职业生涯规划的再评估

现实社会中的不确定因素会使职业生涯规划目标发生偏差，所以个体需要参照现实变化不断地进行反馈，进而对原目标和行动方案进行修正或调整，从而确保实现最终目标。

视频　把握自己的职业生涯规划

（二）构建职业生涯规划反馈机制的方式

目前，职业生涯规划的反馈方式主要是自我内省与外部咨询：自我内省包括寻找自己、发现自己、提高自己、完善自己、成就自己等；外部咨询包括职业咨询师的辅助发现、职业人物访谈等。在职业生涯规划反馈机制中，反馈主体是学生，反馈客体是学生在校学习期间或实习期间的教师、家长、朋友、学校指导机构、专业咨询机构、外部环境等。主体反馈属于内反馈，方式为自我内省。客体反馈属于外反馈，方式为外部咨询（如图7－2所示，

图中黑色箭头表示反馈机制的发生)。

在图 7-2 中，个体在了解自我和工作世界时，反馈主体与反馈客体都会形成反馈。个体要综合运用多种多样的反馈形式，如通过与行业人物的访谈来反馈，通过职业能力倾向测试等工具来反馈。

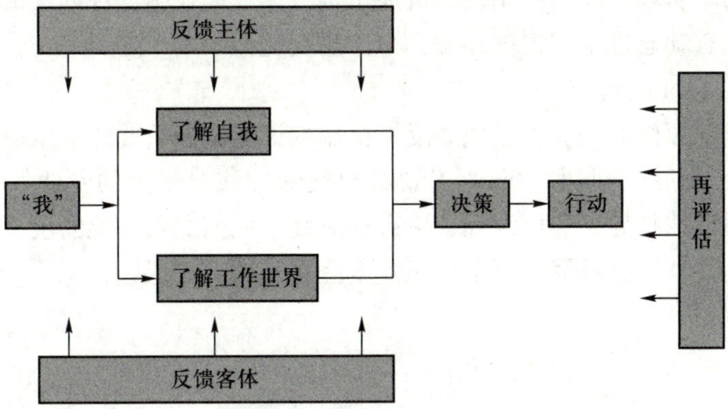

图 7-2　职业生涯规划反馈机制示意图①

（三）构建职业生涯规划反馈机制的原则

反馈发生于职业生涯规划的每一个环节。对于学生而言，构建职业生涯规划反馈机制的原则主要有以下五点。

1. 需求性原则

需求性是学生职业生涯规划的前提，也是职业生涯规划反馈机制设置的前提。个体只有了解职业生涯规划的重要性，对其产生认同并积极规划自己的职业生涯，职业生涯规划才有意义，职业生涯规划反馈机制才可以启动。绝大多数学校已经通过课程教学将职业生涯规划的重要性传递给学生，越来越多的学生也从被动接受转变为主动索取。

2. 促进性原则

职业生涯规划反馈机制设置的目的是促进个体的职业生涯发展，所以促进性原则是职业生涯规划反馈机制必不可少的原则之一。这要求学生从理论上了解职业生涯规划的方式、方法。同时，学校要借助职业咨询机构的优势，将精通各种科学测评手段的专家和实际工作者请进学校对学生进行咨询反馈，促进学生应用职业生涯规划的方式、方法。

3. 可操作性原则

一些学生在做职业生涯规划时没有明确的目标，或不切实际，目标设置过高。因此在设置职业生涯规划反馈机制时，尤其要注重可行性指导，遵循可操作性原则，将职业生涯总目标加以分解，形成阶段目标，引导学生分步

① 王孝晨．大学生职业生涯规划的反馈机制研究［J］．淮海工学院学报（社会科学版），2011，9（22）：33-35.

骤地完成，最终实现职业生涯总目标。

4. 动态性原则

一个系统的职业生涯规划应该是认识自己与工作世界、决策、行动、评估、再认识的循环过程，是一个动态的、持续的过程。职业生涯规划不是一成不变的，所以其反馈机制也不可能千篇一律。职业生涯规划反馈机制的设置必须具有动态性，应根据环境、个体的变化而不断改变。

链接　生涯人物访谈

5. 结合性原则

结合性原则对职业生涯规划反馈机制的设置十分重要。学生应考虑专业与个体发展的结合问题，职业规划指导教师应该对学生的专业发展有所了解，这样反馈指导才能更深入、更有针对性。如何利用系统的反馈机制进行职业生涯规划信息反馈，是学生职业生涯规划的重要课题。

第二节　职业生涯规划调整

案例　小王的求职经历

小王大学毕业后，按照自己设定的目标进入一家外资公司，工资不低，同学们都很羡慕他。他先后做过仓库管理、厂长助理、行政人事主管、客户服务主管等，3 年转换岗位多达 7 个。正如他自己所言：“我感觉自己就像一块抹布，哪里需要就往哪里抹；一旦公司有了适合的人选，我必定退出，因为他们的确比我专业、能干。”这份工作让他睡不好、吃不香，害怕上班，担心看到老板。

小王咨询了职业生涯规划师。职业生涯规划师认为，小王的职业恐惧感来自他 3 年来始终没有明确自己的职业发展方向、应积累的相关工作经验与专业知识，“东一榔头，西一棒子”的直接后果就是没有建设好长期的、可持续发展的“职业基地”。职业生涯规划师发现小王的兴趣是从事指导、激励或与人沟通的工作；喜欢在众人面前表现，人越多，他的表现欲望越强烈；与陌生人打交道，他能游刃有余。围绕着小王的职业满足感（适应性）、个人兴趣及行业发展潜力、社会需求等诸多因素，职业生涯规划师为小王设计了一份职业发展方案：从印刷、培训、快递、办公用品等行业的销售代表或客户服务代表出发，经销售主管、区域销售经理等职位，最终成为销售总监。

此后，小王已接受一家家具公司的销售代表一职，他干得又起劲又快乐，很快就被提升为销售主管。

就组织内的岗位调动而言，职业生涯发展路线可有三种选择：一是纵向发展，即职务等级由低级到高级的提升。二是横向发展，即在同一层次不同岗位之间调动，如由部门经理调任办公室主任。三是向核心方向发展，即虽然没有晋升，却担负了更多的责任，有更多机会参与组织内的各种决策活动。

获得职业生涯规划反馈信息和评估方案之后，个体可以对职业生涯规划进行必要的调整。所谓调整，是指重新调配和安排，使职业生涯规划适合新的情况和要求。一份好的职业生涯规划，需要具备可行性，有具体措施和计划完成时间。但是，如果职业生涯规划做得过细、过于严格，那么不但会束缚自己的手脚，可能丧失随时到来的机会，还会因为不切合实际而丧失可操作性。要使职业生涯行之有效，就必须使职业生涯规划具有足够的弹性，在实践中不断反馈、评估和调整。这就需要我们在实践中定期检验目标的完成情况、评估环境变化，从而做出正确的调整。职业生涯规划调整的内容包括职业的重新选择、职业生涯路线的选择、阶段目标的调整、实施措施与行动计划的变更等。

一、职业生涯规划蝴蝶模型

职业生涯规划蝴蝶模型将人的心理视为开放的复杂系统，将职业选择和发展视为一个系统的复杂工程，把职业发展的个人预期目标和环境变化、意外事件的发生、家庭变故等复杂因素的影响有机地融为一体，鼓励学生在制订职业生涯发展规划时充分考虑各种不确定因素的影响，形成富有弹性的策略和保障性措施以应对各种突发事件。

如图 7－3 所示，职业生涯规划蝴蝶模型由左右两个相互作用的椭圆系统构成，其运动轨迹为图中箭头所示的转动方向，代表个人的职业生涯发展路径。这条发展轨迹既没有起点也没有终点，预示着职业生涯可能在个体详细规划了职业生涯的方案之后开始，也可能在遇到突发的随机事件之后而改变。

视频 职业生涯规划蝴蝶模型

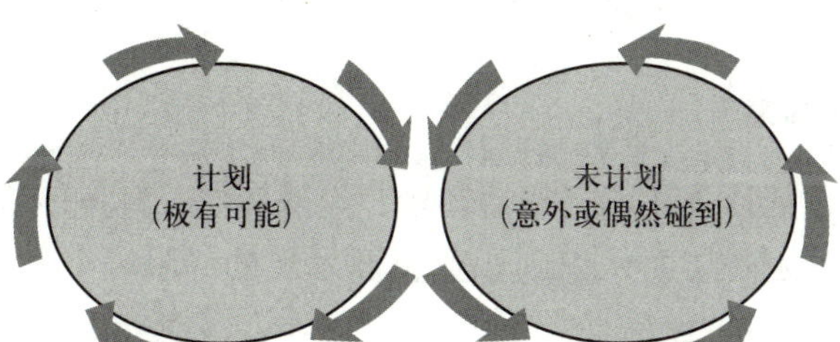

图 7－3 职业生涯规划蝴蝶模型示意

图 7－3 中箭头的指向是职业生涯发展的必然路径和迫近变化的可能趋势。左侧的部分表示可以计划的、极有可能发生的事情，右侧的部分表示无

法预料的、偶然碰到的事件。职业生涯规划蝴蝶模型将职业生涯中可以规划的内容与可能遇到的突发事件有机地联系起来，通过这样的联系着重强调个体要妥善处理好计划和不期而遇的事件的关系，并提示个体为满足职业生涯发展的需要应具备哪些关键能力。观察职业生涯规划蝴蝶模型可以看到，职业生涯发展系统的确定性和随机性是有机地结合在一起的。

二、调整职业生涯规划的时机

（一）毕业前的调整

调整职业生涯规划的第一个最佳时期是毕业前夕。根据实习和求职过程中的体验，个体可以依据就业市场的供需实际，对职业生涯规划进行调整。这次调整，既可以着重阶段目标的调整，也可以对长远目标进行调整。

（二）从业初期的调整

在从业初期，个体可以调整职业生涯规划，如工作 3～5 年后。这时，个体已经有了从业经验，可以根据周围环境和自身情况的变化，在职业转换的过程中调整职业生涯规划。

（三）计划调整时机

当个体实施职业生涯规划时，必须为日后可能的计划调整留有余地，调整的依据是每次评估后收集到的反馈信息。至于计划调整的时机，必须考虑以下四点：第一，定期监测预设目标的达成进度。第二，每一阶段目标的达成之时，要依据实际效果，调整达成未来阶段目标可采用的策略。第三，当客观环境的改变影响计划执行时，要及时调整职业生涯规划。第四，有效的职业生涯规划要不断地反思调整，即反思策略方案是否恰当，能否适应环境的改变。

三、调整职业生涯规划时需考虑的因素

（一）环境因素

环境因素包括社会环境、政治环境、经济环境、科技环境、自然环境、法律环境等。从宏观层面认识到职业生涯发展的局限，个人只能适应很难改变。

（二）组织因素

组织因素包括组织规模、组织结构、组织文化、组织发展状况、人力资源规划、人力资源管理系统类型、晋升政策、人际关系等。要考虑一切与职

业生涯发展有关的组织因素。要改变组织因素非常困难，但个人可以选择在最适合自己发展的组织中工作。

（三）个人因素

个人因素包括年龄、性别、受教育程度、工作经历、家庭背景、人格等。一方面要正确认识自己，另一方面要不断完善自己。个人只有适应环境因素，正确认识和分析组织因素和个人因素，才能实现个人发展和组织发展的最佳匹配。

四、调整职业生涯规划的步骤

（一）重新评估自我条件

在调整职业生涯规划时，重新评估自我条件是指通过我能做什么、我能做好什么，掌握自我条件变化及其在职业实践中检验的结果。它不同于第一次进行职业生涯规划时的分析发展条件。重新评估是在总结职业活动实践经验的基础上进行的，是在有了新的发展目标，或者对原定规划已有调整意向的前提下进行的。

（二）重新评估发展机遇

在调整职业生涯规划时，重新评估发展机遇是指对就业环境进行再分析，评估自己职业生涯的发展机遇和阻碍状况。它是在认为原目标不再适应、对新目标已有初步想法的前提下进行的。自我条件重新评估和发展机遇重新评估，是在对原有发展条件分析的基础上进行的，方法和材料都有基础，针对性强，投入的精力会比初次分析时更少。

（三）修正职业生涯目标

修正职业生涯目标，即调整远期目标或阶段目标。调整远期目标是职业生涯规划的关键环节，其他环节全部围绕远期目标的确定展开。远期目标是分阶段实现的，各阶段目标之间的关系应该是阶梯式的：前一个目标是后一个目标的基础，后一个目标是前一个目标的方向，所有的阶段目标都指向远期目标。

（四）修订并落实计划

在调整职业生涯规划时，修订并落实计划是指进一步明确“我应该怎么办?”。每过一段时间，个体要审视内在和外在环境的变化，并且及时调整自己原定的职业生涯规划。调整并非放弃，而是与时俱进。当职业生涯并非一帆风顺时，调整的过程往往可以使个体的多方面能力得到提升。

职业生涯规划的反馈能力和调整能力是从业者终身必备的能力，也是从业者终身受益的能力。在整个职业生涯过程中，个体不仅需要知道自己想从事什么工作、能从事什么工作，更重要的是要知道以什么策略、什么手段实现职业生涯的成功。

理解·反思·探究

1. 结合本章内容谈谈你对职业生涯规划反馈的认识，撰写职业生涯规划反馈报告。
2. 修订个人职业生涯规划书。
3. 如果你必须面对职业生涯规划的调整，那么请根据职业生涯规划蝴蝶模型展示你的调整计划，并与其他同学探讨该调整计划的可行性。

生涯启航

党的二十大报告如启明星般照亮前路，殷切嘱托青年既要让理想在云端飞扬，更要让脚步在大地扎根。这份闪耀着真理光芒的纲领文献，为新时代职业生涯规划的校准与迭代提供了行动坐标。当我们以习近平新时代中国特色社会主义思想为精神北斗，便能将个人理想与民族复兴伟业同频共振，在职业蓝图中镌刻家国情怀的经纬线。

职业生涯规划如同流动的江河，需要顺应时代地形蜿蜒前行。每季度的职业复盘应当成为成长仪式：对照阶段目标绘制进度热力图，在数据折线中捕捉发展脉搏。譬如当专业技能提升遇阻时，不妨以解剖麻雀的精度追问：是深夜伏案的灯火不够明亮？还是知识罗盘的指引有偏差？当客观条件的迷雾笼罩前路，既要看清任务重压下的时间赤字，更要洞察资源困局中的突围路径。

第八章　职业生涯的管理与发展

职业生涯是一个漫长的过程，一个人的职业生涯发展不可能一蹴而就、一成不变。树立职业发展的理念、掌握职业生涯管理的方法，对初涉职场的大学生来说十分重要。一名立志于从事职业教育的教师，除了具备学科教学能力和专业自主发展能力外，还要具有一定的职商和情商，这样才能更好地适应职场、促进职业生涯发展。未来的职场充满机遇和挑战，学会职业生涯的自我管理、环境管理、时间管理、冲突管理、人际关系管理，正确面对职业生涯的转型，充分开发自我潜能，在职业生涯发展中可以达到事半功倍的效果。

第一节 职场适应

视频 职场适应

在刚刚进入职场、接触到许多之前未曾了解的事情时，我们的首要任务便是要迎接工作的挑战，在自己所工作的领域内掌握一定的技能，学会开拓创新的精神。这个时间段要学会自己独立完成任务，而不是一味地依靠他人；学会与他人相处的方法，积累成功和失败的案例，并从中领悟经验；学会面对挫折，处理好竞争、工作与家庭的冲突；了解如何克服困难，努力学习新知识。

一、职业生涯准备

大学生作为职场新人刚刚步入工作岗位，拥有高涨的工作热情，也面临工作经验不足的窘境。如何快速进入工作状态，是大学生初入职场面临的一大难题。适应职场，就要积极准备应对可能出现的挑战。因此，大学生要做好职业生涯准备。例如，关于如何成为一名职业教育教师，这里有七条建议：

（一）保持灵活性和变通性

尽管你的大脑里可能已经想好了从事某个职业领域，如职业教育专业课教师，但是不要忽视把自己的学历与技能运用到另一个快速发展的领域的可能性，如班主任或行政岗位。此外，对于自己所期望工作的单位的规模与性质，要保持灵活性和变通性。

（二）拓展人际技能

良好的人际技能，特别是沟通技能，是多数人职业生涯成功的基础。职业教育教师的工作要求与学生和同事接触，或者作为项目团队中的一员参与科研或教学工作，这就意味着职业教育教师要拓展人际技能。

（三）培养全球化思维

在全球化的社会里，多数工作都在变成国际化的工作。因此，职业教育教师要注重培养全球化思维。

（四）拓展信息技术技能

会电脑、懂网络已成为教师任职的必备条件，也是师范生的必备技能，各种信息技术正在广泛地应用于中学课堂。大多数地区已经将信息技术技能作为教师资格认定、资格注册、职务（职称）评聘和考核奖励等必备条件，列入学校办学水平评估和校长考评指标体系中。

（五）继续学习深造

我们正在经历教育变革的重要时代，职业学校对师资要求越来越高。任何额外的技能或知识都有助于个人在众多的竞争者中脱颖而出。个人若能具备学科前沿的专业水准、外语技能或拥有第二学位都是很好的个人资料。

（六）理性对待晋升

在当今的工作世界，越来越多的人对于晋升的看重程度，低于获得技能和运用技能。一种新的观念是，晋升常常指的是开始接触最激动人心的职场工作，并升职到一个项目负责人的位置。这些活动可能带来更高的利益，即使它们实际上并不改变工作头衔。

（七）努力提高工作质量

阅读学习关于职业教育的图书很重要，同时，职业学校也把工作质量看作衡量个体敬业的标准。专业能力是大学生求职就业的“敲门砖”，特别是对一名职业教育教师来说，学科教学能力和专业自主发展能力是其必备条件。大学生一旦进入职场，首先要在行为上改变自己的“学生面貌”，适应职场以达到岗位要求。更重要的是，大学生要及时转换思想立场，成为一名真正的“职业人”。

二、提高职商和情商

初涉职场，你会发现仅有知识和能力是远远不够的，在职场中，更高的职商和情商会让你在职业生涯中如鱼得水。

（一）职商

视频 提高职商和情商

职商，全称为职业智商（career quotient，CQ），是职业胜任力的量化标准，代表个体在创业、就业、从业等职业活动中各种胜任素质（包括智力的和非智力的素质）的综合水平与同类群体相比较而言所处的位置。布莱尔·奥森根据在500强公司多年的人力资源从业经验，于2002年6月在美国《商业周刊》首次提出“职商”这一概念，引起巨大反响。

“职商”一词的含义可以用“EELTAP”表示：“E，education”是教育，是最基本的因素；“E，experience”是人生经验，包括社会经验和家庭经验；“L，leadership”是领袖气质，即需要有领导才能；“T，teamspirit”是团队精神，即能够与人合作，因为一个人永远势单力薄；“A，attitude”是对生活的积极态度；“P”有双重含义，一是“passion”指热情，二是“performance”指效益，对工作有热情一定会产生效益。

“职商”的内涵主要有四个方面：一是职业化的工作技能，也就是“像个做事的样子”；二是职业化的工作形象，也就是“看起来像那一行的人”；

三是职业化的工作态度，即从业时能“用心把事情做好”；四是职业化的工作道德，也就是“对一个品牌信誉的坚持”。

（二）情商

情商，即情绪智力（emotional quotient，EQ），属于非智力因素，是一个人掌控自己和他人情绪的能力。从情商的一般内涵来看，情商包括五个方面的能力：了解自己情绪的能力，控制自己情绪的能力，自我激励的能力，了解他人情绪的能力，维系良好人际关系的能力。

职业情商，就是以上五个方面在职场和工作中的具体表现，职业情商更加侧重对自己和他人的工作情绪的了解和把握。如何处理好职场中的人际关系，是职业化的情绪能力的表现。

情商是一种能力，即感觉、了解和有效应用情绪的力量。它与智商一样，作为人类的能量、信息和影响的来源，对任何人从事任何职业和活动都很重要。开发情商是大学生迈入职场的必修课。

第二节　职业生涯管理

职业生涯管理可以有效提高大学生职业生涯规划的执行能力，促进大学人才培养目标的顺利实现；增强大学生对职业环境的把握和对职业困难、挫折的控制能力；有利于大学生入职后处理好职业与生活其他部分的关系；可以实现个体自我价值的不断提升和超越。在职业生涯管理中，自我管理、环境管理、时间管理、冲突管理、人际关系管理尤为重要。

一、自我管理——调控自己

视频　职业生涯管理技巧

（一）树立良好的第一印象

第一印象形成于个体的第一次交流以及自我介绍中。根据领导力的相关理论：一个团队的领导会迅速评估新的团队成员。因此，树立良好的第一印象很容易使人成为内群体的一分子，并由此获得更好的任务分配以及更加频繁的信息沟通。而没有树立良好的第一印象的团队成员则可能会成为外群体的一分子，不会受到很好的对待。

（二）培养出众的人际交往能力

除非你可以有效地与他人保持关系，否则获得成功是非常困难的，有效的人际交往和人际关系技能需要进行专门的练习。

案例 大术无极

（三）培养专业技能、激情和自豪感

获得成功的出发点就是培养自己的专业技能。专业和激情是密不可分的，拥有专业技能并对工作保持激情会很自然地使个体对工作产生自豪感。从管理者的角度来看，有自豪感的团队成员会激励他们不断超越自我。

（四）坚守职业道德

当面临道德两难情境时，可以询问自己以下三个问题：

是否合法？你的决定是否违反了法律法规或者相关的政策？

是否公平？你的决定是否不管是短期还是长期都对各方公平？

是否正确？你对这个决定的自我感受是什么？你对自己做出的决定或者采取的行动感到自豪吗？

（五）提升工作绩效

优异的工作绩效是个体职业发展的基石。很少有个体仅是因为受到上司的偏爱而获得晋升。很多员工被提升不是因为他们把自己的工作做得非常好，而是他们主动完成了比期望更多的工作。

（六）记录工作成绩

保留工作成绩的准确记录是有价值的，它可以被用于完成新的学习任务。及时记录、评估、总结工作成绩有利于个体的自我成长。此外，在绩效评估中，成绩记录也很有用。

（七）遵守行为常规

遵守行为常规包括良好的出勤、着装，对同事有礼貌，真诚的微笑等。它是学校文化或者学校价值观的体现。

（八）创造性地工作

创造性地工作会帮助你在职业上取得成功。你提出的那些关于教学的创新想法会对你的职业生涯有很大的推进作用。

（九）通过不断学习和自我发展成长

定期的学习会帮助个体取得进步，不断学习可以以多种形式进行，包括正式的学校学习、参加培训和研讨会、自学等。不断学习和自我发展成长会通过不断的改进而引起个体发生显著的变化。

（十）遵守恰当的礼仪

恰当的礼仪对职业发展很重要，因为这类行为被看作职业化工作的一部分。礼仪的基本原则就是当你在场时让其他人感到舒服、受到照顾并且确保没人感到不安。另外，我们应该对所有人保持热情，牢记所有人都值得被尊重。

（十一）培养主动的个性

如果你对周围的力量愿意采取积极的行动加以控制的话，你就更有可能抓住机会。另外，你也需要寻找解决问题的机会。主动的个性是指不会被环境中的力量所束缚，并能够给外界环境带来改变。培养主动的个性并不容易，可以从主动解决问题做起。

（十二）冒适当的风险

为了使自己的职业有长足的发展，冒险是必需的。几乎所有的成功人士，包括拥有主动个性的人士，在他们的职业生涯中，都至少冒过一次适度的风险。

（十三）学会应对逆境

在拥有雄心壮志的个体职业生涯中，一些逆境是不可避免的。个人的韧性——能够从挫败中站起来的能力——对于战胜逆境是必不可少的。

（十四）塑造自我品牌

当你开始树立自我品牌时，首先应该从个性或者人格的差异上区别自己与同事。你最近做了哪些使你显得与众不同的事情？你做了哪些贡献？你是否按时完成高质量的工作？接下来，你要做的就是凸显自己，以塑造自我品牌。

二、环境管理——努力适应外部环境

（一）建立一个职业通道

在规划职业生涯时，个体会不可避免地进行目标设定。如果你的目标是系统性的，并且引导你到达最终的职业目标，那么你就建立起了职业通道——为实现一个目标所必须达到的系列位置。

（二）为达到目标制订行动计划

有效目标的实现需要有逻辑的计划支持。个体可以用一份具体的行动计

划来拓展你的职业通道。行动计划可以具体到分钟，但是与其他职业计划不同，个体要避免过于限制自己的思维，职业通道和职业计划只是假设。你也许会偶然遇到通向目标的另外一条职业通道。

（三）获取广泛经验

很多得到高级职位的人士通常拥有广泛的经验，拥有广泛经验的一个主要好处就是它会使你的职业发展更加灵活。就业的灵活程度，源于个体是一名在多个方面都有所发展的人。

（四）获得他人关注

对于许多人而言，职业发展的最强助推是获得他人对自己或所取得成就的有效关注。当获得比其他人更多的关注时，个体就更容易被领导注意，也就更容易得到发展和展示自己的机会。

（五）寻找一位顾问

很多在职业上取得成功的人士，在他们的职业生涯过程中，会拥有一名或多名顾问。顾问是一个更有经验的人，他能够对个体进行指导、教育和训练。

（六）把握运气

为了把握机遇，你首先应该清楚自己想要什么。这个方法并不是简单地等待幸运的降临，而是通过寻找机会并发挥自身的优势来把握幸运。

（七）平衡个人生活

在工作、社会生活和个人兴趣方面保持一定的平衡，可以帮助我们发展职业生涯。保持平衡可以给你带来更多的能量和活力，给你的职业发展带来帮助。

三、时间管理——灵活驾驭时间

（一）整理和组织

使工作场所变得整洁，有序安排事务，定期进行整理等。这有助于个体改善工作习惯和进行时间管理。

（二）计划你的活动

时间管理的首要原则就是工作要有计划，它决定了个体所要达成的目标以及在实现目标的过程中需要如何采取行动。

（三）有一个好的起点

有一个好的起点意味着个体更有可能拥有成功而高效的一天。获取好的起点的一个有效方法就是优先完成最棘手的工作，克服最艰难的问题，之后的工作就会一帆风顺。

（四）充分利用办公技术

随着科技的发展，办公技术在我们日常工作中发挥的作用越来越大。个体要充分利用提高效率的技术，包括各种常用办公软件和辅助工具。

（五）每次只做一项关键任务

集中注意的好处就是可以避免走神，使你忘掉自己所要做的事情的可能性降低。所以个体在处理众多事务时，最好每次只做一项关键任务。

（六）理顺工作并强调重要任务

重要任务往往都是那些以优异绩效获得大量回报的任务。个体要梳理工作进度，集中精力完成重要任务。

（七）以稳定的节奏工作

对于大部分工作来说，按照一定的节奏来做是很有效率的。个体可以利用各种软件来保持稳定的工作节奏。当然，你也可以训练自己在困倦时小睡15 min来补充精力，从而有效地完成工作。

（八）创造一些安静的、没有打扰的时间

安静的时间可以被用来思考计划、整理思路、做分析性的工作、撰写报告以及完成创造性的任务。所以个体要刻意地为自己创造一些不易被打扰的时间来完成一些需要集中精神完成的工作。

（九）利用零碎时间

个体要充分利用零碎时间去完成一些耗时短、周期长的工作，如背英语单词、练书法等。

（十）对文档和电子邮件保持控制

个体必须有效地处理这些文档和电子邮件，否则就会对工作和个人生活失去一定的控制，由此导致一定的负性压力。个体可以在一段时间内集中处理它们。

除上述内容外，下面是减少时间浪费的八点建议：

（1）少做白日梦，别去幻想一些不现实的目标；

(2) 准备一个时间日志来评估时间的使用情况；
(3) 避免成为一名电脑或手机依赖者；
(4) 保存好重要的姓名、地点和物品；
(5) 为某些任务和项目设定时间期限；
(6) 把类似的任务安排在一起完成（聚类）；
(7) 训练在任务间迅速切换的能力；
(8) 遇事当机立断，别犹犹豫豫。

四、冲突管理——妥善处理矛盾

在工作中出现冲突在所难免，一个人要想成功和幸福，就应该学会如何有效地解决冲突。解决冲突的方法有很多，其中，绝大多数方法强调合作和“双赢”的哲学。

（一）直面解决问题

这种方法需要个体确认冲突的真正来源，然后全部解决它。首先，个体要先让自己冷静下来，以免做出不理智的行为。其次，个体要尝试站在对方的立场上思考问题，试着共情。最后，个体要与对方直接沟通，尽量面对面地沟通，坦诚地说出你的观点和建议。直面问题并解决它的重要一点是：个体直接解决了一个敏感的问题，为建立建设性工作关系创造了条件，起到了防患于未然的作用。这种方法之所以有效，是因为它对事不对人。

另一个直面解决问题的方法是，双方都列出对方应该做的事情，然后交换意见，选择一个双方都能接受的办法。这是一种有效的面对面技术，当然所列项目要实事求是，不带有个人情绪。

直面解决问题的意图在于寻求和平解决冲突的方法，这种方法意味着要想方设法地来满足双方的需求。这正是基于“双赢”的哲学。

（二）消除敌意

你所批评的对象会拿起自己的武器有效回击你的不足，如果你否认自己的错误，那么回击会更加猛烈。有一个方法可以应对这种批评，那就是消除敌意。消除敌意通常比回击对手更有效，认同领导的批评意味着你希望他们来帮助自己改善绩效。

案例讲解 消除对批评的敌意

（三）重建认知

多从积极的一面来看待冲突，如果你主动寻找发生冲突后的有利因素，那么冲突带给你的心理压力自然就小了。重建认知就是寻求一个情境中的积极因素，在心理上将消极的认知转化为积极的认知。如何构建和选择自己的认知方式，决定了冲突情境的结果。

案例讲解 好问的新同事

（四）求助第三方

如果你正处在这样一种冲突情形中：对方要么拥有更多的权力，要么不愿意改变，而你已经使用了消除敌意等方法仍不能解决冲突，这时你可以寻求第三方的帮助。第三方通常是比你和对方更有权力的人或机构，如你的公司老板等。在某些情境中，你需要通过暗示对方，自己会寻求第三方来解决问题，从而使自己获得优势、解决冲突。

（五）使用元沟通

许多冲突表现为双方使用了不当的交流方式。因此，解决冲突和克服沟通障碍联系在一起。当面对一个包含沟通问题的冲突时，除了采用忽视冲突或障碍，即“带走它或留下它”的交流方式外，还有一种方法就是元沟通，即通过交流有关双方共同存在的冲突部分来克服障碍或解决问题。

例如，你是团队领导，但是某位成员在你们谈论工作目标时露出了生气的表情或不雅的姿态。当你问及原因时，那位成员说：“你给我的目标比其他成员难得多，我觉得不公平。”这就是元沟通，即使你们有了解决冲突的空间。同样，你可以使用元沟通技术使自己在冲突中占据先机。作为一个面对截止日期重压的团队领导，你可以事先对你的团队成员说：“我今明两天可能会显得有些无理，但那仅是因为我们面对一个比较麻烦的截止日期，不得不对你们提高要求。”

（六）使用协商策略

冲突是需要协商和交易的情境，即需要与一方进行谈判来解决问题。例如，讨价还价就是在努力解决一个冲突。协商在工作场合中有许多应用，下面的协商策略有助于解决冲突。

1. 营造一个协商的积极氛围

积极的氛围对协商会议来说是至关重要的。在协商会议中有一个非常好的开场白：“感谢您在百忙之中参与到这次会议中来”，或者用非言语沟通——微笑或友好的姿势，都有利于营造一个积极的氛围。当你与同事协商时，以请求的语气提出自己的要求有助于营造一个积极的氛围。

2. 留下合理的、妥协的空间

协商的基本策略是：一开始提出的要求要有协商和让步的空间，这是一个关键的策略。只有为了协商进行下去而留有空间，才可能获得双方都满意的结果。

但是人们往往以远高于他们想要得到的价格开出卖的价格，或是远低于自己愿意付出的价格开出买的价格。这种不合理的要求导致另一方产生敌意或立即结束协商。因此，以一个较为合理的要求开始协商十分重要。

3. 关注利益而不是地位

个体要在心中维持自己的整体利益，并尽量获得它们，而不是拘泥于具体的协商细节。协商的实质是满足双方的根本利益。例如，你与用人单位协商起薪时，你在意的不是起薪而是过上什么样的生活。如果公司提供你所有的医疗费用，或者你的生活开销比在另一个城市少得多，就可以考虑接受相对较低的起薪。

4. 做出最终提议

在很多情况下，做出最终提议可以打破僵局。例如，你可以说："综合考虑各方面因素，我期望的起薪是 5 000 元，如果觉得合适，请与我联系。"任何一方在接受对方的最终提议之后，都有可能让步。

5. 进行角色扮演去预计对方可能的行动

比较高级的协商策略是，在协商之前预计对方的需求与能接受的底线。有研究者通过对比实验发现，当人们进行角色扮演时，他们预计结果的能力会有一个明显的飞跃。所以在协商之前，如果能把自己扮成对方的朋友，你就会成为协商的高手。角色扮演可以帮助你预测对方和你自己可能做出的行动，从而更好地准备协商。

6. 为对方保留面子

我们已经获得了协商中最重要的东西，并最终解决了冲突，那么就不必介怀一些小的方面。协商并不意味着你应该试图压制对方，如果有必要，就努力营造一种能够与对方继续合作的氛围。在谈判结束的时候，人们总想着要避免看起来软弱、愚蠢，但如果你没有给对方保留面子，那就有可能树立了长久的对手。

五、人际关系管理——管理你的社会资本

在职场中，与工作群体建立良好的关系，被视为一种高超的政治技巧，它是一种尊重他人想法并与之进行良好交流的行为，主要包括以下方面。

（一）建立良好的上下级关系

团队领导，即你的上司，与其友好相处、建立良好的上下级关系是职业生涯发展最基本的策略。同时，这样能提高工作满意度。

1. 获得出色的工作绩效

出色的工作绩效是给上司留下好印象的一种最有效的策略。使自己成为优秀员工的因素有很多，包括受教育程度、个性特点、工作经历、组织能力等。当上司遇到难题时，主动询问是否需要帮助是一种非常好的展示个人能力的方式。

2. 树立良好的职业道德

一个具有良好职业道德的员工有时可以得到原谅。因为多数上司认为，

良好的职业道德最终会提升工作绩效。以下五条建议可以帮助你树立良好的职业道德：

乐业——努力工作，以业为乐；

细致——事无巨细，认真谨慎；

麻利——迅捷地完成任务；

负责——勇于承担个人责任；

担当——欣然接受别人不愿做的工作。

3. 展示较高的情商

有效处理好情绪问题是个体在职场中要面对的一大挑战，情商有助于个体在激烈的竞争中很好地控制情绪，一个情商高的员工要能够应对下列情况：

（1）同事需要帮助却不好意思开口；

（2）职业对象（上司、同事或学生）正在表达不满；

（3）感觉上司正面临巨大压力；

（4）能够准确判断上司说的“或许”意味着“是”还是“否”。

4. 具备可靠和诚实的品质

可靠是员工的重要品质，如果一个员工能够像自己承诺的那样认真对待工作，就容易给上司留下深刻印象。诚实是与可靠联系在一起的，上司能够给予员工的最高赞誉就是把员工看作可靠的。

5. 营造适时出现的好印象

经常出现在工作场所，始终保持第一时间出现，是一种引起上司注意的常用方式。具体建议包括：

（1）参与大家高度关注的项目；

（2）和团队成员多接触；

（3）参加高层管理者关注的工作，展现自己的风采；

（4）创造机会，给出自己关于赢利或节省成本的建设性意见；

（5）当上司遇到不喜欢做却不得不做的工作时，可以量力而行地表示自己可以完成。

6. 了解上司对你的期望

工作目标和绩效标准是了解上司对你的期望的最直接的方式，你需要把工作目标铭记在心，并要知道目标之间孰重孰轻。有些管理者喜欢非正式地与员工相处，他们更像是你的同事；也有些管理者喜欢被敬重。只有把自己的工作风格和上司的工作风格匹配起来，这样才可能在你们之间建立密切的联系。

7. 尽量少抱怨

绝大多数管理者不愿意员工爱抱怨，倾听这些抱怨会浪费上司大量的宝贵时间。所以，只有存在非常正当的理由时，并且最好附上可能的解决方案时才去抱怨，这样能使自己的抱怨合理化。你也可以尝试换位思考，尝试理解上司，这样能帮助你减少抱怨的冲动。

8. 避免越级上报

想要维持与直接上司的良好关系，就应该主动与他沟通出现的问题，如果你的直接上司不能或不愿意关注你的问题，你或许可以考虑联系上一级管理者。越级上报必须是当你与直接上司无法通过协商解决问题时才能使用，而且一定要注意策略与技巧。

9. 与上司进行有利的互动

虽然与上司进行有利的互动对于关系的建立非常有价值，但是有时候你也必须告诉上司一些坏消息。你要表现得遇事不惊和有条不紊，不要对自己做无谓的自责，而是要想办法给出你的建议。

（二）建立良好的同事关系

任何有工作经历的人都会意识到与同事友好相处的重要性。如果你不能融洽地与其他人合作，完成工作就会变得很困难。可以说，员工被解雇的首要原因不是因为技术能力低下，而是因为不能或者不愿在工作中与他人建立满意的合作关系。建立良好的同事关系主要有以下 8 种方式：

1. 提高自己的修养

彬彬有礼、善良、富有合作精神而且快乐的人，易于在职场赢得朋友和志同道合者，并且同事更愿意向一个看起来快乐的人征求意见或请求帮助。提高自己的修养水平，包括不打探别人的隐私，不传播有害的流言蜚语、不泄露团队的秘密等。

2. 让他人感到被需要

一个与他人保持良好关系的基本原则，就是让对方感到被需要。虽然领导者对满足员工的认同需要负有主要责任，但同事也会起到重要作用。让同事感到自己被需要的有效方式是用他出色的成就引起人家的关注。

3. 维持开诚布公的关系

当同事向你征求意见时，你要给予坦率而有策略的回答，这是建立并维持开诚布公的关系的有效方式。正确地表达自己的感受可以帮助你建立有益的同事关系。

4. 成为团队建设高手

成为团队建设高手是与同事建立良好的关系的一个关键策略。团队建设高手主要关注团队绩效和合作，而不是个人绩效，也不会对成员的困难袖手旁观。人们期望公司的高层管理者既是优秀的团队建设高手，又是独立的决策制定者。下面列出的方式可以帮助你成为一名团队建设高手：

（1）表现出乐于助人的合作态度；

（2）建立信任，保护个人隐私，真诚地给出建议；

（3）与同事共享信息和想法；

（4）为同事提供情感支持；

（5）遵循黄金规则；

(6) 避免任何可能损害团队的行为；

(7) 参加公司资助的社会活动；

(8) 共享荣誉，不暗箭伤人。

5. 遵守团队的行为准则

团队的行为准则是组织文化或规范员工行为的组织价值观和信念的主要成分。如果你过分偏离团队的行为准则，就会被整个团队抛弃，并且感觉到被孤立。但是如果你过分地与团队的行为准则保持一致，就可能会让你失去个性。团队的行为准则会影响工作中的社交行为，如与同事共进午餐、下班后的小聚、分享笑料等。

6. 关心同事的工作和个人生活

让他人感兴趣的话题总是一些与其自身息息相关的事情，你可以通过询问同事以下问题来增进同事之间的关系：

(1) 你的工作进行得怎么样？

(2) 你的事情做得如何？

(3) 你是如何掌握工作所必需的知识的？

(4) 你目前的工作是否与你的职业规划相匹配？

(5) 你的孩子有多喜欢科技？

除了要对他人表示关心外，你还要用心发掘与同事之间的共同点。

7. 适当称赞他人

给予他人赞扬是一种正强化，也是可以达到多重目的的有效回报方式。你可以称赞他人最引以为豪的事情，也可以认可他人，投入一点时间去认同他人的行为。要注意的是，称赞要得体，过于夸张的赞扬会显得空泛，因为它与完成事情的难度不成比例。

8. 有效应对“难相处”的人

在与“难相处”的人沟通时，可以使用以下六种方式：

(1) 从职业角度而不是个人角度处理问题；

(2) 给予直接反馈；

(3) 有策略地对待其“令人讨厌”的行为；

(4) 运用幽默；

(5) 避免成为他人依赖的对象；

(6) 保持好心情。

视频 中职学校教师的职业生涯发展

第三节 中职学校教师的职业生涯发展

教师的职业生涯规划就是教师根据个体情况和所处的环境，结合教师与学校发展的双重需要，对决定教师职业生涯的因素进行分析，进而确定事业发展目标并设计相应的行为计划的活动过程。这也是对有关教师职业发展的各个方面进行的设想和规划。具体到中职学校教师的职业生涯规划，就是中职学校教师根据个人的实际情况和学校环境等因素进行分析，确定个人未来职业生涯发展目标，并为实现这一目标，有计划地安排时间，进行相应的培训、继续教育等来实现职业发展目标的过程。

中职学校教师的职业生涯规划既包括教师个人对自己的职业生涯规划，也包括中职学校对教师的职业生涯规划。学校对教师的职业生涯规划是把组织的发展需求和个人的发展需求结合在一起进行考虑，所以中职学校教师的职业生涯规划需要中职学校与教师共同制订，只有这样才能达到中职学校教师职业发展目标，促进中职学校发展。

一、中职学校教师职业生涯发展现状

自改革开放以来，我国政府就大力发展中等职业教育作出了一系列重大部署，提出了明确要求。特别是进入 21 世纪以来，为适应现代化建设的巨大需求，中等职业教育的规模迅速扩大，改革不断深入，质量不断提高，进入了新的发展阶段。

（一）培养学生形成适应时代发展的职业理想和职业发展观

中等职业教育在办学思想上，实现了从计划培养向市场驱动、从政府直接管理向宏观引导、从学科本位向职业能力本位的重大转变。在办学体制机制上，坚持政府主导、面向市场、多元办学，充分发挥行业、企业的作用，大力推动职业学校与企业的密切合作、共同发展。在办学模式上，积极推进职业教育集团化、连锁化和规模化办学；充分发挥城市和东部地区优质职业教育资源和就业市场的优势，积极推进东西部之间、城乡之间的职业学校联合招生、合作培养、联动发展；在办学课程内容上，2023 年 9 月开始，在全国实施中等职业学校教育的各类职业学校（含技工院校）投入使用的中职三科统编教材与课程建设中，《心理健康与职业生涯》以情绪调节、人际交往、终身学习以及职业生涯规划为重点，讲授心理健康与职业生涯规划的基本知识，培育中职学生自立自强、敬业乐业的心理品质和自尊自信、理性平和的良好心态，引导其形成适应时代发展的职业理想和职业发展观，为职业生涯发展奠定坚实的基础。

（二）教师队伍整体素质不断提高

据《2024 年全国教育事业发展统计公报》显示，全国中等职业教育（不包括人力资源和社会保障部门管理的技工学校）共有学校 6 862 所，招生 418.33 万人，在校生 1 229.33 万人。中等职业教育专任教师 72.94 万人，生师比为16.85∶1，比上年进一步改善；专任教师中本科以上学历比例为96.98%，比上年增长1.29个百分点；“双师型”专任教师占专业（技能）课程专任教师比例为57.20%，比上年增长0.49个百分点。

二、中职学校教师职业生涯发展的主观影响因素

具有职业生涯规划意识是整个职业生涯规划过程的最初阶段，这在职业生涯规划的过程中具有非常重要的作用。如果没有对职业生涯规划的意识，就很难继续完成接下来的其他内容。然而，目前无论是中职学校还是教师个人，都缺少主动进行职业生涯规划的意识，对其重视程度较低。

（一）职业生涯规划意识淡薄

1. 中职学校对教师职业生涯规划意识淡薄

中职学校对教师的职业生涯规划起到重要的指导和管理作用，教师的职业生涯规划离不开学校的指导。教师的职业生涯管理已经不再是教师个人的事情，随着中等职业教育的不断发展，越来越多的学校意识到学校组织在教师职业生涯规划中所起到的重要作用。然而，还有一部分学校对中职教师职业生涯规划并不重视，意识淡薄。学校并没有为中职教师的职业生涯规划建立教师职业生涯规划管理体系。而且，对教师是否要进行职业生涯规划也没有明确的规定。有研究者在某中职学校调查时发现，该校并没有建立教师职业生涯规划管理体系，也没有相关的规定制约教师是否一定要进行职业生涯规划。原因是该中职学校前些年的办学条件并不好。随着近几年国家对职业教育的重视，对职业教育资金投入的增加，为了打造良好的办学环境，吸引更多的学生，学校正全力进行基础设施建设。而对教师职业生涯管理的问题目前并没有得到学校的重视。针对“教师职业生涯规划”这一问题在调查中发现，大部分教师认为，确定职业生涯目标、制订职业生涯规划等是个人行为，与学校没有多大关系。而且就校方现有的状况而言，并不能为教师职业生涯规划提供足够的指导。中职学校要想建立完整的教师职业生涯规划管理体系非常不容易，因为中职学校无论是从人员配备还是资金投入等方面都还不能满足建立完整的教师职业生涯规划管理体系的需要。中职学校要发展仅靠良好的校园环境是不够的，当教师的教学动力不足、对未来职业发展缺乏信心时，其教学水平就无法提高，教学质量上不去同样阻碍中职学校的发展。

2. 中职学校教师对个人职业生涯规划意识淡薄

准确的自我认识是教师职业生涯规划的首要步骤。只有全面地了解自己，才能做出正确的职业方向选择，找到适合自己的职业发展道路。中职学校教师了解自己，就是对自身情况做出全面的分析，掌握自己的优势和劣势。中职学校教师是职业生涯规划的主体，职业生涯规划的实施与中职学校

教师本身存在的诸多因素都密不可分。然而，目前中职学校教师的自我认识并不清晰，对自己的评价和分析也并不全面。自身的职业生涯规划意识不强，很多教师没有对自己的职业生涯做过规划。问卷调查表明，大部分中职学校教师并没有很系统地评估过自己，其职业生涯规划意识比较薄弱。

中职学校教师对职业生涯规划意识的淡薄直接影响职业生涯规划的制订与实施。虽然有的教师在工作过程中取得了一些成绩，个人愿望得以实现，但这些成绩和愿望都不是职业生涯规划中所预期的内容，如果没有取得成绩，就不会对下一步的职业生涯规划进行调整。因此，教师职业生涯规划意识淡薄、缺乏职业生涯管理方法是不能促进其职业生涯健康发展的关键。

（二）缺乏职业生涯规划能力

1. 中职学校缺乏对教师职业生涯规划的能力

这主要是指中职学校在进行教师职业生涯规划的过程中缺乏必要的调查。已有研究发现，首先，在为教师提供自我评估的方法方面，中职学校由于目前办学的局限性，加上与高等院校缺乏联系，学校无法定期聘请专家到学校来帮助教师认识、掌握职业生涯规划的知识、技巧及方法，很少帮助本校教师建立有效的职业生涯规划机制，较少使教师感受到通过执行职业生涯规划取得的进步，了解自身的职业价值，对未来的发展方向和道路有一个清楚的认识。

其次，在为教师提供咨询服务方面，中职学校相对高等院校来说在职业生涯规划方面有影响力的专家学者数量有限，对于办学经费不足的院校，没有能力外聘专业咨询人员，学校对该方面的条件改善有待进一步提升，改善方法和路径有待进一步研究和探索。

最后，在建立职业生涯档案方面，中职学校的教师职业生涯档案中记录的多是教师的基本情况、教学经历、任职资格及取得的成绩等。而有关教师职业生涯规划的情况在档案中并没有体现出来。

由此可见，学校建立的档案内容并不全面，无法从中更好地了解教师职业生涯规划的动态发展情况。以上调查可以看出，中职学校缺乏对教师职业生涯规划的能力，现有的情况还不能满足教师职业生涯规划的需要。

2. 中职学校教师个人缺乏职业生涯规划的能力

虽然学校在教师职业生涯规划中具有重要的作用。但教师个人才是职业生涯规划的主体，个人因素起到至关重要的作用。

首先，中职学校教师作为一种特殊的职业群体，承担着培育国家技术技能人才的重任，其职业特点要求中职学校教师必须具有较高的职业道德、较强的专业技能、严谨的教学态度等。所以，并不是所有人都适合中职学校教师这个岗位，而且个人的兴趣爱好等为其职业发展起到重要的推动作用。只有对自己从事的职业有兴趣，才会不断地付出、全身心地投入。

其次，在专业发展意识方面，部分中职学校教师尚待提高。中职学校教师的自我发展能力以自我发展意识为基础，同时也受其督导。因此，教师是否具有强烈的专业发展意识关系到教师能否积极主动地探究自我专业发展的有关内容，寻找有利于推动自身专业发展的机会。

三、自信培养与潜力开发

视频 自信培养与潜力开发

自信心是一种积极的心理暗示，它可以激发个体内在的潜能，促进职业和人生的成功。因此，有意识地培养自信心和开发自己的潜能是非常重要的，它将有助于我们未来在职业生涯中更好地把握机遇、发展自己，创造职业和人生的辉煌。那么，我们该如何培养自信心、如何开发潜能呢？

（一）培养自信品质

我们要认识到，自己是独一无二的，正因为自己身上的优点和缺点，才构成了“独特的我”。一个人的自信心不是通过和别人的比较建立起来的。真正的自信心应当是自己身处逆境或事情未做好时，仍然相信自己能克服困难，能把事情做好。

另外，我们还要善待自己的缺点。一般来说，缺点有两种：一种是可以改进的，如不良的学习习惯、生活习惯；另一种是不可能改进的，如身材矮小、相貌不佳以及其他不能矫治的生理缺陷等。对于可以改进的缺点，我们应该学会勇敢地承认它并积极地改进；对于不可能改进的缺点，则要坦然地面对和接受，并尝试通过其他优势的发挥来加以补偿。

（二）开发潜力价值

自信是内在潜力的催生剂，只有拥有自信，才能获得和发挥巨大潜力。在职业生涯中取得卓越成就的人，懂得如何在职场中开发自己的潜力价值。开发自己的潜力价值包括以下方式：

明确你最想要的，培养积极的心态，运用积极的自我暗示。积极的心态是指一个人无论面对怎样的处境或困难，都始终保持一种乐观、向上的态度和情绪。生活中的缺憾是不能避免的，那么用什么样的心态来对待这种缺憾就非常重要。有时一种积极的自我暗示，也许会带来完全不同的体验。

善于运用潜力价值提升经验价值。在未来的职业生涯中，我们的价值是不断变化的，潜力价值和经验价值将决定未来的职业方向和成就。职业生涯的成功几乎总是两者共同作用的结果。当我们初入职场时，就好比背着满满的一袋潜力和空空的一袋经验开启职业生涯。在职业生涯中期，我们将利用潜力价值不断获得经验价值增值，潜力价值和经验价值是我们未来职业生涯成功的两个互不可缺、相辅相成的重要因素。善于运用潜力价值和经验价值会让我们的事业逐步取得预期收获。

第四节　大学生创业

大学生创业是建设创新型国家的重要举措，是当前形势下积极就业的全新模式。大力推动创业带动就业，对于实施扩大就业的发展战略具有重要的现实意义。

一、创业的基本条件

创办企业是许多大学生的梦想，但是在创业之前，我们必须要了解创办企业所必需的基本条件，正确评估自己是否适合创办企业，根据你的企业想法进行市场评估并制订市场营销计划、组建创业团队、选择合适的法律形态及依法履行法律责任、运营及管理企业。

（一）企业与企业类型的内涵

1. 企业

企业是以营利为目的进行商品生产和交换活动的经济组织。企业可以是一个人，也可以是一个群体。

2. 企业类型

企业类型多种多样，主要可以分为以下四种。

（1）制造企业。主要提供物资性的产品。制造企业以生产部门为主，其所有资源都集中生产出优质的物资产品。这类企业投资较大，收益周期长，对创业者的行业经验要求高，而且要有一定的创新研发能力。

（2）贸易企业。主要从事商品的买卖活动，可分为零售企业和批发企业。零售企业从批发企业或制造企业处购买商品，再卖给顾客。而批发企业则是从制造企业处购买商品，然后再卖给零售企业。贸易企业一般需要选择好的地理位置，其商品流动量大、资金周转快，要求创业者的沟通能力强，懂得销售技巧，掌握管理技能。

（3）服务企业。主要提供服务性产品，不出售任何产品，也不制造产品，而是提供服务或劳务。例如，家政服务、快递服务、教育培训、法律咨询等都属于服务企业。这类企业的成功要素是：方便、快捷、热诚、安全。创业者的性格要开朗、有耐心、讲诚信、有领导力。

（4）农、林、牧、渔企业。利用土地或水域进行生产、种植或饲养。例如，种果树、蔬菜和养殖家禽、水产等。这类企业风险大、周期长。创业者要有相应的资金和资源，懂技术，善沟通。

（二）创业面临的挑战

创业是机遇，也是挑战。选择创业就会面临来自内部与外部的压力和风险。

1. 创业面临的内部挑战

创业面临的内部挑战就是创业对大学生自身的挑战。首先，如何获得创业资金是很多创业者头疼的问题，可以根据创业者的实际情况和项目规模来确定解决办法，比如小型创业项目，可以从亲戚朋友处借用或办理小额银行贷款；对于大型创业项目，需求资金较多，就要有完善的商业计划书，招募优秀的创业团队进行融资。

其次，需要掌握相关的知识和技能。创业者要全面系统地学习企业管理知识，提高自己的领导力、沟通力、执行力；掌握自己创业项目领域的专业技能，使自己成为“专家”。

再次，对一个初创者来说，其工作不分昼夜，工作可能是自己原来不擅长或者不喜欢的事情，没有假期，没有自由。

最后，大学生创业普遍存在的内部挑战就是缺乏社会经验。在创业过程中，创业者可能会受到各种打击，甚至面对失败的境遇。这时候创业者要学会突破自我，积极协调组织，保持乐观是在创业中成长的关键。

2. 创业面临的外部挑战

首先，创业团队成员合作不深。在大学生创业过程中，团队成员中的每个人都有自己的观点，容易因缺少包容和沟通不畅而产生矛盾。团队的领导者要学会带领整个团队发展。

其次，无法应对市场变化。市场是千变万化的，大多数创业者因为经验不足和缺乏技巧，无法根据市场的变化而调整营销手段，导致顾客流失。

再次，来自竞争对手的挑战。竞争是市场经济有效性最根本的保证，市场机制正是通过优胜劣汰的竞争，迫使企业降低成本、提高质量、改善管理、积极创新，从而达到提高效率、优化资源配置的结果。因此，激烈的竞争是无法避免的，只有尊重并战胜你的对手，甚至与对手在竞争中合作，才能赢得更大的市场空间。

最后，意外灾害。创业有可能失败，要时刻保持对创业失败风险的警惕。采取积极的应对措施，防止一些意外灾害给企业带来损失。

在创业过程中，挑战和压力风险可以通过学习和经验的积累来解决。创业者要充分认识到，创业的挑战也是人生的挑战。

（三）成功创业的基本条件

1. 创业动机

通俗地说，创业动机就是“为什么要去创业”“企业未来的发展目标是什么”。创业动机是成功创业的前提和基础，动机越强烈，目标越明确，创业的成功率就越高。

目前大学生创业的主要动机有以下六种。

（1）偶像崇拜。任正非、马云等企业家在大学生群体中并不陌生，他们的创业故事为大学生津津乐道。作为偶像，这些人的经历给大学生提供了自主创业的经典范例和对未来的美好愿景，希望自己有一天也能像他们一样成就一番事业。

（2）创业本身就是一种职业。创业是最积极的就业，在就业高峰，为自己打造一片更广阔的天空，并且在今后的社会中，自主创业的人会越来越多，甚至成为大学生毕业后就业的首选。

（3）经济原因是大学生选择自主创业的一个重要原因。在以经济建设为中心的大环境中，薪酬是不得不考虑的一个重要因素，自主创业可能带来良好的经济效益。

（4）替别人打工不如为自己打工。大部分选择自主创业的学生都是抱着这种心态，认为自己的事业做起来会更有工作热情、更投入，从而更容易成功。另外，时间上的自由也是最大的动力。朝九晚五的工作时间不是每个人都能适应的，如果自己创业，在时间的把握上就比较自由一点。

（5）实现自我价值的需要。很多大学生选择自主创业是为了通过创业来证明自己的能力，在一些单位由于制度的约束，无法按照自己的想法来做事，创业可以提供一个空间实现自我价值，得到社会的认可。

（6）无奈的选择。找不到工作也是大学生选择创业的一个原因。特别是近年来，就业压力不断加大，大量的毕业生涌向市场，一些人必然要面对找不到工作或是短时间内找不到合适的工作的问题，在这种情况下，选择创业是一种无奈之举。

2. 创业者的能力和素质

创业是一项巨大而复杂的工程，创业者的能力和素质高低决定着创业成败。成功创业需要创业者具备以下能力和素质：

（1）意志品质。大学生在意志品质方面，应具有自觉性、坚毅性、自制力和勇敢果断等品质。除此之外，还要正直、守信、有责任感；具有敏锐的商业意识、自我实现的欲望和创新精神；具有团队整体意识。

（2）身体素质。身体素质是指身体健康、体力充沛、精力旺盛、思维敏捷。创业的道路是艰辛的，需要付出常人难以想象的劳动和辛苦，只有拥有健康的身体，才能有持久的激情，实现成功创业。

（3）知识储备。具体来说，创业者应该具有以下三方面的知识：

① 创业政策、法律知识。为鼓励大学生创业，国家政府部门出台了一系列优惠政策，颁布了相关的法律法规，为大学生创造了一个良好的创业环境。创业者一定要熟悉相关法律法规和政策内容，为自己创业奠定基础。

② 专业知识。创业者应具备扎实深厚的专业知识。创业要选择自己熟悉的行业，掌握这个行业的专业知识。只有对本行业的供需状况、市场前景以及从事本行业的专业知识和技能了然于胸，才能避免盲目性和投机性，创

业成功的概率才能更大。

③ 相关的商业知识。创业是一种商业活动，创业者要掌握商业知识，例如，合法的营业知识、营销知识、财务管理以及社会学知识等。

（4）专业能力、方法能力和社会能力。专业能力是创业的前提。专业能力是指企业中主要岗位或岗位群所要求的能力。主要包括新创立的企业中主要岗位的必备能力；接受和理解与企业经营方向有关的新技术的能力；把相关知识、法律法规运用于本行业的实践能力。

方法能力是创业的基础能力。方法能力是指创业者在创业过程中所需要的工作方法，是创业的基础能力。主要体现为：信息的接收和处理能力，捕捉市场机遇的能力，分析与决策能力，开拓创新能力，用人能力，理财能力，控制与调节能力等。

社会能力是创业的核心能力。社会能力是指创业者在创业过程中所需要的行为能力，是创业成功的主要保证。主要体现为：人际交往能力，谈判沟通能力，企业策划能力，合作能力，自我约束能力，组织领导能力，适应变化和承受挫折的能力。

3. 创业资源

创业资源是指新创立的企业在创造价值的过程中需要的特定的资产，包括有形资产和无形资产。创业资源是企业创立和运营的必要条件。常言道“巧妇难为无米之炊”，没有资源，创业也就无从谈起。

创业资源主要包括资金、房屋、原材料、设备和人力等方面。成功创办一家企业不仅需要获得充足而有效的资源，还需要全面的资源整合到位才可能实现。

（四）产生及评估企业想法

企业想法是对拟创立的企业的基本业务的描述。企业想法应当包括：企业将销售什么产品或服务；企业将向谁销售产品或服务；企业将如何销售产品或服务；企业将满足顾客的哪些需求。

1. 产生企业想法的途径

如何寻找一个好的企业想法？可以通过以下方法激发你的企业想法：

（1）一般性头脑风暴法。头脑风暴法是打开你的思路并帮助你产生更多不同想法的方法。可以从一个词语或一个题目开始，将进入自己脑海中的所有想法都写下来。

（2）结构性头脑风暴法。结构性头脑风暴法不是让你从任意一个词组开始，而是从一个特定的产品开始，然后尽力想出所有相关的企业。

（3）调查你准备创业地区的企业情况。实地考察创业地区有哪些类型的企业，寻找市场中存在的生存空间和市场空白。

（4）调查你所处的环境。分析你所处的环境中所有的资源和机构，发现当地经济发展依赖哪些产业，发挥创造力，发现更多创业想法。

（5）利用各种问题。企业通过产品或服务来满足他人需要，解决他人的问题来求得自己的生存和发展。因此，我们可以通过自己生活中遇到的问题、工作中的问题、他人遇到的问题产生企业想法。

（6）利用互联网。通过互联网，我们可以了解各种关于企业的信息，这些信息为寻找企业想法提供了非常好的途径。

无论运用何种方法，产生企业想法时都要注意结合自己的特长、专业、兴趣、爱好以及市场需要，自己熟悉、擅长和有市场需要的领域更有潜力。

2. 分析确定企业想法

当产生企业想法后，要认真思考每一个想法，选择最适合的企业想法，可以通过以下三种方法进行分析：

（1）实地调研。通过访谈顾客、供应商和企业界人士，收集有用的信息，了解你的企业想法。

（2）SWOT 分析法。通过企业内部因素分析企业想法的优势和劣势，通过企业外部因素分析企业面临的机会和风险。当进行 SWOT 分析后，可以评估企业想法做出决定：坚持自己的企业想法并进行全面的可行性分析；修改原来的企业想法；完全放弃企业想法。

（3）评估环境影响。一家企业对其环境的影响既可能是积极的，因为它向人们提供就业和收入，也可能是消极的，因为它可能会开采大量的不可再生资源，或在生产过程中污染环境。为保证拟创办的企业能够长期生存和可持续发展，必须要将企业对环境的负面影响降到最低。

二、市场评估及营销计划

（一）市场与市场营销观念

市场是指需要产品或服务的顾客，这些顾客愿意购买并且具有一定的购买能力，他们可以是个人，也可以是其他企业。包括现有顾客和潜在顾客。

围绕产品的生产和销售，企业可以有三种不同的观念：

（1）产品导向观念。片面强调通过增加销售量获取利润，重视生产效率和产品质量，而不是顾客的需要。

（2）推销导向观念。认为推销是万能的，企业应主要依赖销售队伍和广告促销扩大销售量。

产品导向观念和推销导向观念在企业发展的一定阶段是适用的，但是它忽视了市场的基本规律，很难适应市场的变化满足顾客的需要和保持持续的发展。

（3）顾客导向观念。也称市场营销观念，强调只有了解并满足顾客的需要，才能获得持续的利润。

（二）顾客与竞争对手分析

1. 顾客分析

顾客是企业的根本，让顾客满意，就意味着会给企业带来更多的销售额和更高的利润。寻找目标顾客一般分为两步：第一步，顾客细分，将市场划分成不同类型的顾客，不同的顾客可能需要不同的产品或服务。第二步，目标顾客选定，对每一类细分顾客进行分析，寻找哪一类顾客对企业来说是有潜在价值和吸引力的，并选择一个或多个人群作为未来营销目标。

2. 竞争对手分析

在市场调查过程中，只了解目标顾客是不够的，还需要了解竞争对手的情况。因为你们将提供相同或类似的产品或服务，通过了解竞争对手，可以学到更多的东西。

（三）制订市场营销计划

1. 市场营销计划

市场营销计划是一种关键的行动计划，以顾客为中心，制订详细的营销战略和具体的行动方案，帮助实现预期目标。市场营销计划指明企业的发展方向，是企业各部门工作的核心。

市场营销计划应包括收集与筛选相关信息；分析和确定目标顾客；针对目标顾客采取有效的营销策略；各个任务的执行人、时间、需要资源等。

2. 制订市场营销计划的方法

制订市场营销计划要以满足顾客需要为核心，从市场营销的四个方面，即产品、价格、地点与分销、促销着手，设计、组合营销策略，即“4P”营销理论。

产品是指向顾客销售的东西。包括产品的类型、质量、颜色和规格等。一个完整的产品属性可以包括三个层次：核心产品——产品的使用价值；形式产品——产品的质量、设计、包装、品牌等要素；附加产品——附加的服务和价值。

价格是用产品换回的钱数。在产品定价时需掌握产品的成本、顾客愿意出多少钱购买产品、竞争者同类产品的价格。产品定价常用的方法有：尾数定价法、撇脂定价法、渗透定价法、差别定价法。

地点是指把企业设在什么地方，通常企业坐落在离顾客较近的地方。分销是指采用什么样的方式让顾客方便得到产品，一般有如下方式：直销——生产商直接把产品销售到顾客手中；零售——生产商把商品卖给零售商，零售商又把商品卖给顾客；批发——生产商以追求销量为目标，把产品大量批发给批发商，批发商又转卖给零售商，再通过零售环节卖给顾客。

促销是指把产品信息传递给顾客，吸引他们来购买产品，促销通常有四种方法：广告、营业推广、公共关系、人员推销。

三、组建创业团队

合作创业、团队创业是大学生创业常见的选择，为了使新企业顺利运行起来，必须打造一支知识和技能完备的团队。

（一）团队核心成员

小微企业因规模不大，一般创业团队由以下人员组成：

（1）业主或经理。其职责是制订目标和行动计划；组织和调动团队成员实施行动计划；确保行动计划的执行，使企业达到预期目标。

（2）股东或合伙人。企业不止一个业主，股东或合伙人共享收益、共担风险。要管理好合伙企业，合伙人之间一定要坦诚相待，有必要准备书面合作协议，明文规定各自的责任和义务。

（3）员工。创业团队成员首先是企业员工。

（4）企业顾问。创业者不可能是所有企业事务方面的专家，所以要邀请或聘请专业人士成为企业的咨询顾问。

（二）团队组织结构

大学生创业团队的成员不多，组织结构也相对简单，过于复杂的组织结构不但不实用，反而会给企业的运营增加成本、带来麻烦。

小微企业最常见的组织结构是直线职能式组织结构，也就是把企业的人员按照责任分成若干部门，并为每个部门设置一个领导职务，然后明确各部门之间的关系。

（三）团队管理

如何管理团队，引导、激励团队成员，齐心协力地完成工作，对企业成功有着重要意义。

1. 明确岗位职责

企业雇用员工，要把岗位职责制成岗位说明书，规定某一特定岗位要做的具体工作。这样员工知道企业需要他做什么工作。领导也可以用其衡量员工的工作绩效。

2. 招聘合适的员工

根据岗位职责来聘用员工，利用专业的职业测评技术，评价应聘人员的各种素质及其与应聘岗位的匹配程度，真正聘用到有适当技能和工作积极性的员工，把合适的人放到合适的岗位上。

3. 管理员工

管理员工对企业至关重要，可使企业创造更高的效益。管理员工是一件非常难的事情，不但需要制度保障，而且需要领导者的个人魅力，更需要在经营企业的实践中不断摸索、总结经验。

四、企业的法律形态及法律责任

企业的法律形态是指一家符合国家法律规定的企业在市场环境中存在的合法身份。我国民营企业的主要法律形态包括：股份有限责任公司、有限责任公司、外资企业、中外合资企业、中外合作企业、乡镇企业、股份合作制企业、合伙企业、个人独资企业、个体工商户、农村承包经营户等。小微企业最常见的法律形态包括：个体工商户、个人独资企业、合伙企业和有限责任公司。

（一）选择合适的法律形态

选择企业的法律形态主要考虑以下因素：准备创办的企业规模；行业类型和发展前景；业主或投资者的数量；创业资金数量；行业选择（技术密集型、资金密集型、特殊行业）；创业者的价值观念；企业承担的责任和义务。

（二）企业的法律责任

1. 工商行政登记

根据我国法律规定，新办企业必须经工商行政管理部门核准登记，发给营业执照并获得有关部门颁发的经营许可证。

2. 依法纳税

依法纳税是公民应尽的责任和义务。根据税法规定，企业要依法报税和纳税。

与企业有关的主要税种包括：增值税；个人所得税；企业所得税；关税；城市维护建设税；教育费附加等。

3. 员工的合法权益

企业的核心竞争力是人才的竞争，企业如何充分发挥员工的积极性、主动性，最基本的条件就是要尊重员工的合法权益，这也是企业吸引员工、留住员工、用好员工的关键。所以，新创立的企业要特别关注员工的合法权益。

首先，要依法与员工订立劳动合同。签订劳动合同，确立劳动关系，明确双方的权利和义务，对企业和员工双方都是一种约束和保护。劳动合同的基本内容包括：工作职责、违约责任，工作时间，劳动报酬，休息时间，社会保险、福利，合同的生效、解除、离职、开除，劳动争议处理等。

其次，劳动保护和安全。任何一家企业，不管资金如何紧张，都有义务为员工创造良好的工作条件，坚决防止工伤事故和职业病发生，以保证员工的人身安全并提高工作效率和积极性。

再次，劳动报酬。企业员工工资标准不得低于当地人力资源和社会保障部门规定的最低工资标准，而且要按时以货币形式发放给劳动者本人。各地因经济发展不同、消费水平不一，最低工资标准不尽相同，一般以当地人力资源和社会保障部门公布为准。

最后，社会保险。《中华人民共和国社会保险法》规定，企业必须为员工办理社会保险。社会保险主要包括：养老保险、医疗保险、失业保险、生育保险和工伤保险。社会保险属于强制性缴纳。

另外，企业可根据实际情况，选择合理的商业保险以降低风险。

五、创办及管理企业

（一）预测启动资金

1. 启动资金的类型

启动资金用来支付场地、办公家具和设备、机器、原材料和办理营业执照、开业宣传促销、工资及水电等费用。启动资金可分为两类：投资和流动资金。

投资是指为企业购买的固定资产以及为开办企业而支出的一次性费用，如设备、房屋等。

流动资金是指企业日常运转所需要支出的费用。

2. 投资预测

企业运营前，要预算出企业固定资产和支出一次性费用需要多少资金。企业投资一般可分为三类：

（1）企业用地和建筑。造房、买房、租房、在家开业等。

（2）设备。企业需要的所有机器、工具、工作设施、车、办公家具等。

（3）一次性费用。开业前产生的一次性费用，如市场调查费、培训费、注册登记费、装修费等。

3. 流动资金预测

企业开张后运营一段时间才能有销售收入，所以企业还需要一定数量的流动资金，主要用于支付以下开销：

（1）购买并储存原材料和成品。制造商生产产品需要原材料；服务行业的经营者也需要一些材料；零售商和批发商需要储存商品。库存越多，需要的流动资金就越大。

（2）促销。新企业开办，要有促销自己产品或服务的流动资金。

（3）工资。计算流动资金时，必须计入用于发工资的钱。

（4）租金。租金要考虑支付周期可能是 3 个月、6 个月或 1 年，会占用较多的流动资金。

（5）保险。企业依法为员工办理社会保险，这也需要流动资金。

（二）制订利润计划

1. 制订销售价格

制订销售价格主要有两种方法：

（1）成本加价法。将制作产品或提供服务的全部费用加起来，就是成本价格。在成本价格上加一个利润百分比得出的就是销售价格。

（2）竞争比较法。定价时，除考虑成本外，还要了解当地同类商品或服务的价格，以确保定价有竞争力。

2. 预测销售收入

在筹建新企业时，知道一定量的销售能带来多少收入，称为销售收入预测。可采取以下步骤：列出企业推出所有产品或服务项目——预测第一年里每个月期望销售的每项产品数量——为计划销售的每项产品制订价格——用销售价格乘以月销售量计算每项产品的月销售额。

3. 利润

为了掌握企业实际运营情况，仅知道销售收入是不够的，还要计算企业是不是有利润，只有这样，才能准确知道企业是否在盈利。利润的计算方法是销售总收入减去企业经营成本。

（三）编制创业计划书

创业计划书主要包括以下六部分：

1. 概要

高度概括创业计划书各部分内容的要点，画出企业轮廓。

2. 企业构思

概括描述企业，重点说明要推出的产品或服务，以及目标顾客群体。

3. 市场评估

对市场规模、未来前景，以及顾客及竞争对手进行调查了解。针对顾客需要进行产品的市场定位，介绍产品或服务的特点、价格、销售渠道和促销方式等。

4. 企业组织

企业的法律形态、组织结构、员工职责。

5. 企业财务

通过测算销售额、成本和利润，反映企业的效益及启动资金。

6. 附件

营业执照、产品或服务目录、岗位责任等。

（四）企业日常管理

创业容易守业难，企业一旦运转起来，就要做好日常管理工作。企业日常管理主要有：

1. 营销管理

市场营销是企业的一项核心工作，是企业获取和保持竞争优势的重要途径。

2. 生产管理

通过对各种生产要素和生产过程的不同阶段、环节、工序的合理安排，使其在时间、空间上形成一个协调的系统，使产品或服务在运行距离最短、花费时间最省、成本最小的情况下，按照市场需求的品种、质量、成本、交货时间等生产出来。

3. 财务管理

财务管理包括：成本管理，即控制成本，制订价格、财务记录；记账管理，即记哪些账、怎么记账；筹资管理，即确定筹资方式、制订筹资计划；投资管理，即怎么扩大经营规模和范围、控制和识别风险。

4. 人力资源管理

第一，树立团队意识。

第二，重视员工培训，提高员工素质。

第三，重视员工的安全、保健。

案例 “三人行”的创业故事

刘明、陈晓、孙丽是大学校友。刘明是国际经济与贸易专业的毕业生，曾任学校学生会干部，现在在一家电脑设计公司做市场营销工作，为人沉稳、踏实、有主见，工作能力强。陈晓是财务管理专业大四学生，马上毕业，正在企业实习，是一个细心、精明的姑娘。孙丽是艺术设计专业大三学生，性格开朗，善于交际，专业能力强，能写会画，曾经在全国大学生广告艺术大赛中获得一等奖。他们三人经常在校园网论坛上讨论大学生创业话题，因此成为非常要好的朋友，经常在一起无话不谈，非常投机。

这天，他们三人聚到一起聊天，谈到了创业的话题，三人不谋而合，准备利用各自的特长走出一条创业之路。

经过多方面的市场调查，他们发现了制作时尚鼠标垫是一个很好的创业项目，于是产生了创办一家生产销售“时尚鼠标垫”的企业。

请根据本章所学为这个创业团队拟一份创业计划书。

理解·反思·探究

1. 从大学生转换为“职业人”，需要特别重视哪些方面？

2. 哈佛大学拉克教授说过：“创业对大多数人而言是一件极具诱惑的事情，同时，也是一件极具挑战的事情。”你认为创业者应具有什么样的心理素质和能力？

3. 优秀的情绪管理能力主要表现在哪些方面？
4. 在职业生涯中，解决人际冲突的要素是什么？

生涯启航

构筑职业生涯蓝图须以家国情怀为底色。党的二十大报告中强调“加快构建新发展格局，着力推动高质量发展”，昭示着产业升级、科技创新的星辰大海中蕴藏无限机遇。投身集成电路、人工智能等战略性新兴产业，在破解“卡脖子”技术瓶颈中淬炼本领，既成就事业理想，更践行科技报国使命。唯有将个人奋斗的“小齿轮”嵌入国家发展的“大引擎”，方能在时代浪潮中奏响青春华章。

新时代职业管理承载着文明向善的使命。践行“绿色发展、共同富裕”理念，金融从业者创新绿色金融产品，工程师团队研发清洁生产技术，青年创客打造助农电商平台。当职业选择与低碳转型同向而行，当专业技能与乡村振兴深度交融，个人价值将在服务社会中闪耀璀璨光芒。

职业发展的永动机在于终身学习。面对知识迭代加速的智能时代，需以数字化思维重构能力矩阵——通过慕课平台精进前沿理论，参与数字技能培训项目锻造实战能力，在区块链、元宇宙等新赛道储备竞争优势，让职业航船始终乘着时代东风破浪前行。

第九章　职业生涯辅导

职业生涯辅导涵盖整个生涯发展历程，以帮助个体达到生涯成熟为目标，强调发展和探索，注重个体生涯知识、技能与观念的培养和发展，帮助个人达到生涯成熟。

本章从职业生涯辅导理论及其应用、沟通技巧和助人程序、职业生涯辅导中的评估过程三个方面进行阐述。

第一节 职业生涯辅导理论及其应用

中职学校肩负为社会培养技术技能人才的重任，中职学校的学生毕业后绝大多数将走向实践型工作岗位。这就要求中职教师不仅要具备关于职业生涯规划课程的教学能力，而且要具备职业生涯辅导能力，能够解惑释疑，对学生进行必要的职业生涯辅导。

职业生涯辅导不以单纯解决就业为重点，而以帮助个体达到生涯成熟为目标，涵盖整个生涯发展历程，强调发展和探索，注重个体生涯观念、知识、技能的培养和发展。这就要求中职教师既熟练掌握生涯辅导的基本理论，也能根据实际情况驾轻就熟地做好中职学生的生涯辅导工作。

职业生涯辅导理论是针对个人发展提供的一系列假设，能帮助中职教师鉴别职业发展的各种因素，有助于他们更深入、清晰地理解职业发展的过程，是为中职学生提供职业帮助的理论依据，也是帮助他们设定适当目标和发展计划的基础。

职业生涯辅导理论的作用在于帮助学生理解自己所经历和学习的知识的意义，在已知和未知之间架起一座桥梁，解释和总结相关信息，做出预测，设定目标，同时为中职教师的职业发展提供支持。

前文已介绍了霍兰德的人格类型理论、舒伯的职业生涯发展阶段理论、认知信息加工理论和人职匹配理论等，此处重点介绍明尼苏达的工作适应理论和后现代生涯理论。

一、明尼苏达的工作适应理论

视频　明尼苏达的工作适应理论

明尼苏达的工作适应理论由罗圭斯特与戴维斯在 20 世纪 60 年代提出，源于一项在明尼苏达大学进行的帮助残障人士适应工作的研究，是一种强调人与环境相符合的心理学理论。工作适应理论认为，选择职业或生涯发展固然重要，但就业后的适应问题更值得关注。

（一）工作适应理论的基本观点

工作适应理论属于特质—因素理论范畴，但其关注的重点在于就业后个人需要及工作需要的满足情况，也就是工作适应问题。图 9 - 1 是工作适应理论的模式。

每个人都会努力寻求个人与环境之间要求的一致性，从而达到工作适应。工作适应是指个人为了能维持个人与环境之间要求的一致性所做的努力，以其在同一职位上的工作持久程度为衡量指标。

在图 9 - 1 中，内在满意是指工作环境能够满足个人的需求，即给予个人内在的满意。外在满意是指个人能够满足工作的技能要求，即达到组织所需的满意。

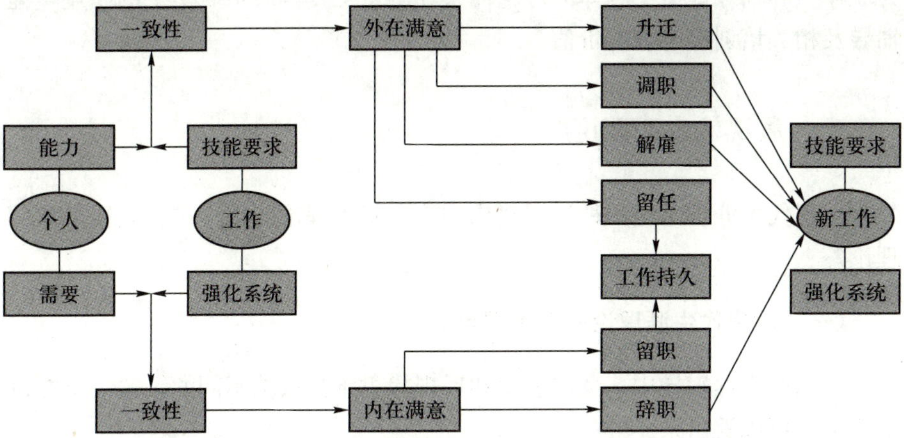

图 9-1　工作适应理论的模式

当工作环境能够满足内在满意，个人也能够满足外在满意时，个人与环境的一致性最高。

个人和环境都是动态发展的，随着时间的推移，个人的需要会改变，工作的技能要求也会调整。如果员工或雇主能努力维持个人与环境之间的协调关系，则员工的工作满意度和雇主对员工的满意度就越高，员工在工作领域就越能持久发展。

（二）工作适应理论的应用

工作适应理论通过 6 组量表对个人的人格特质和工作环境进行测量。首先，个人的人格特质（也称工作人格）是通过《明尼苏达重要性问卷》测量个人的价值观①，通过《明尼苏达能力测试》评估个人技能，通过《明尼苏达满意感受问卷》评估个人的内在满意程度。其次，环境提供的强化系统是通过《职业强化模式量表》测量的，职业技能要求通过《职业能力倾向模式量表》分析，通过《明尼苏达满意度量表》测量外在满意程度。最后将测量结果一一对应，对个人与环境之间的一致性和个人工作适应程度进行评估与分析。

工作适应理论不仅适用于就业适应问题，也对未来择业标准提供了参考。无论是即将就业的中职学生还是正在考虑跳槽的员工，都可以运用该理论对其就业、转变过程中的问题进行探索，帮助自己做到更“满意”和更“令人满意”。

（三）对工作适应理论的评价

工作适应理论是一种比较完整而系统的理论，它从价值观和能力的角度

①罗圭斯特与戴维斯认为，个人的心理需求主要反映在其价值观上。

讨论人与岗位的适配性，是对特质—因素理论和人格类型理论的有力补充；为职业生涯辅导提供了具体的理论体系和测量工具，对中职学生的职业生涯辅导及相关培训都有重要价值。

二、后现代生涯理论

后现代生涯理论是一种运用建构理论和叙事理论的技术进行短程聚焦的理论。

（一）后现代生涯理论的基本观点

视频 后现代生涯理论

在职业生涯辅导中，现代思维和后现代思维是截然不同的，这一点在以下要素中可以看出来。

（1）问题：是主观的而不是客观的。

（2）真理：是不同的事实，而不是共同的事实。

（3）探讨：弄清楚对问题的理解是什么，而不是弄清楚为什么。

（4）咨询模型：处理对问题的理解，而不是处理问题。

（5）规划师：是提问和过程的专家，而不是解决问题的专家。

（6）当事人：是自身问题的专家，而不是了解自己的问题。

（7）结果：变化是由内因引起、不可预测的，而不是由外因引起、可预测的。

（二）后现代生涯理论的应用

中职教师在生涯辅导中，对学生要“三问、三不问”，即“问未来、不问过去”“问怎么做、不问为什么”“问要什么、不问不要什么”。例如，一名学生要退学，那么在职业生涯辅导中教师要探寻他要做什么、怎么做、如何达到目标，而不是为什么这么做。

（三）对后现代生涯理论的评价

在职业生涯辅导中，中职教师要尊重个人的客观事实，通过还原不同的事实，强调自我的满足，聚焦未来。

链接 解读自己的生涯发展

上面的理论比较成熟，有完整的理论结构，对研究和实践具有很大的影响。此外，职业生涯辅导理论还有克朗伯兹的社会学习理论、罗伊的心理需求理论、鲍丁的心理动力理论、兰伯特的社会认知理论、高特弗莱德森的“限制与妥协”理论等。

职业生涯辅导理论的共同点是视职业生涯规划为一个过程，而非简单的结果。在实际辅导中，中职教师要熟练掌握这些理论并加以融会贯通，唯有如此，才能帮助学生实现既定目标，并在职业发展中获得满足感。

第二节　沟通技巧和助人程序

职业生涯辅导不仅意味着教师与学生要按照严格定义的阶段次序进行长时间的讨论，还意味着最终目标是改变，是学生在某个确定的、一致的，由师生双方约定的、接受的方向上的积极改变。

中职教师要具备亲和、尊重、诚实、客观、接纳（不加个人判断地接受）、共情、自我欣赏（自尊、自信，准确认知自身价值）、开放、幽默、反应灵敏等素质。其中，掌握一定的沟通技巧、遵循助人程序至关重要。

视频　职业生涯辅导教师的素质要求

一、沟通技巧

职业生涯辅导的过程是一个沟通的过程，教师必须是一个优秀的信息提供者和倾听者，能够听懂弦外之音，解读言外之意。在沟通中，主要包括以下技术。

（一）积极倾听技术

积极倾听是沟通过程中对听觉刺激和上下文刺激的积极截取、处理与理解的过程，而不仅是“听见”。在沟通关系中，教师不仅要截取并处理听觉刺激，还要考虑沟通情境中的其他因素，例如，对学生的理解、师生双方的精神状况、动机与兴趣等。

教师可以通过身体、精神、言语三个层面来了解倾听的过程和步骤，如表 9－1 所示。

表 9－1　倾听的过程和步骤

身体	与对方面对面而坐，保持舒适的距离 保持目光接触 意识到对方的非言语线索 放松
精神	精神集中，排除自己的思想及杂念，尽量多地理解对方的语意 暂缓判断，不着急根据听到的部分猜测和判断 等待及思考之后作答
言语	恰当作答 反映内容和感受 追问问题以便澄清 表示兴趣和鼓励 总结并确定后续步骤

积极倾听技术具体包括：

引导。以“嗯”“噢”等语言，表示你在认真倾听，引导对方继续讲。

鼓励和重复语句。用“是这样啊……”“然后呢?”鼓励对方进一步讲下去，或者对学生所说的话进行简短的重复。

举例子。帮助学生将谈话具体化，以便教师能够更准确地了解学生的问题。

澄清。当学生提供的信息模糊时，在不突然打断学生的情况下，教师可以询问更多细节，比如：“我不太明白你刚才那番话的意思，你能重复一遍吗?”“我没能把握你的意思，你是说……”

释义。教师对学生在谈话中所讲的主要内容和思想的实质进行复述。比如：“你想要说的是……”“如果我理解无误的话，你的意思是……”释义的目的一是表明辅导教师的专注；二是让学生感到被理解；三是鼓励学生对一些关键想法做进一步阐述。

情感反映。教师对学生所讲的情感部分的准确把握和明确指出，以达到情感共鸣的目的。比如：“如果我理解正确的话，当你被告诉……的时候，你非常尴尬。”“看得出来，你很生气。”

倾听式总结。教师可以通过倾听其反复强调的信息而确认主题。比如：“我注意到你常常提到人际关系的话题，也许这正是我们应该关注的话题。”有时候，教师可以根据学生反复提到的某个词语或句子来做出反应。比如：“这好像是你第三次提到‘厌烦’这个词。”

使用积极倾听技术的主要目的是帮助教师了解学生的烦恼及其感知方式，帮助学生梳理情感，初步感知和宣泄情绪。

1. 身体层面上的技巧

(1) 非言语关注技巧

在职业生涯辅导会谈中，双方视线的接触和身体的姿势等是影响会谈的重要因素。

直角。教师与学生的座位宜呈直角，这样会让双方都感到舒服，也方便教师充分关注学生。

开放。教师以开放的姿势面对学生，避免双手抱肩或双腿交叉。

前倾。教师的身体微向前倾，让学生感到温暖。

目光。教师的目光自然，与学生保持良好的目光接触，避免在谈话中东张西望、目光散漫。

放松。在职业生涯辅导中，教师表现得越自然，就越会使学生处于轻松状态。

(2) 非言语观察技术

在职业生涯辅导中，非言语行为是不可忽略的信息传递渠道。当言语与非言语所表达的信息不一致时，其中影响最大的是面部表情，其次是声音特征，最后才是言语本身。

身体行为。身体姿势、移动和手势等在信息交流中起着重要作用，学生无意间身体姿势的变动所反映的信息有时候会比言语更重要。比如，有节奏地颤动双腿，不停地转动手中的东西，时不时地摸头发是一个人在紧张不安时常出现的动作。

面部表情。面部表情包含的信息很丰富，喜、怒、哀、乐都能从一个人的面部表情中表达出来，视线的转移也有着重要的意义。比如学生谈自己的生活时视线一直没有变化，但说起努力学习时，却将目光转移到别处，这可能表达了他在学习过程中有某些特别的困难。

声音特征。包括语气、语调、声音的强弱、言语节奏等的变化。它能反映一个人的个性特征，比如语调提高表明人们对所谈事物的看法（如强调和重视）和情绪（如激动和兴奋），快节奏表达兴奋，慢节奏表达困惑或在思考中。

自发的生理反应。诸如呼吸急促、脸红、面色苍白、瞳孔扩张等。脸红通常是一个人害羞、尴尬的表现。

个人的生理特征。包括健康状态、身高、体重等。通过观察生理特征，能够了解对方的一些性格特征，如悲观的人常面色灰暗，而乐观的人则充满朝气。

个人的总体印象。一个人的衣着服饰、修养气质、习惯等是由个体的综合因素形成的。教师能够从这些信息中得出学生的初步印象，做出初步判断。

2. 言语层面上的技巧

在职业生涯辅导过程中，沟通很重要，主要包括重复语句、具体化、共情和倾听式总结四种方式。

（1）重复语句

教师直接、简明地重复学生的话，尤其是重复最后一句。

实践　重复语句练习

请同学们两两一组练习倾听对方的问题，然后重复对方的话，感受当你重复时感知力的提升，同时关注对方的变化。

例如，当对方感到迷茫时会说："我不知道自己未来该做些什么，我什么都不会。"

当对方阐述自己失败的经历时会说："同学都比我强，我很自卑。"

重复语句的意义表明教师听到了学生的话，正在鼓励其继续说下去。需要指出的是，教师针对当下情感的重复比重复以前更重要。

（2）具体化

教师将学生的话具体化，能够帮助对方清楚、准确地表达自己的观点，澄清事实。

在会谈中，具体化表现为：一是通过举例的方式，比如要求对方“能不能举个例子”；二是询问一些特定的资料，比如具体的时间、地点、人物或事件。

实践 具体化练习

请同学们两两一组练习，当甲同学说出下面的话时，乙同学尝试让甲同学将语言具体化。例如，甲同学说：“我很伤心。”乙同学尝试问，“是什么事情让你伤心”“当时你在哪里”“都有谁”等。当所有提问结束后，甲乙同学互换身份，直至完成所有提问。

—我觉得我什么都不行。

—同学都比我强。

—我就是不善于处理与领导的关系。

—我肯定找不到一份好工作。

—我很生气。

—我这个星期过得很糟糕。

（3）共情

按照人本主义创始人罗杰斯的观点，共情是指体验别人内心世界的能力，也称同感、同理心、投情等。它包括三方面的含义：咨询师借助来访者的言行，深入对方内心去体验他的情感、思维；咨询师借助知识和经验，把握来访者的体验与他的经历，更好地理解问题的实质；咨询师运用咨询技巧，把自己的共情传达给对方，以影响对方并取得反馈。共情需要理性，教师不能代替当事人作感性判断。

在职业生涯辅导过程中，共情可以借鉴以下方式：

表述内容。由教师陈述学生的事实、观点等，通常表述为“你觉得……”

表达感受。教师理解学生的情绪体验，通常直接点出学生的情绪感受，通常表述为“你感到很伤心（困惑、焦虑、倦怠、失望、无聊）……”

言明期待。由教师呈现学生的期待，通常表述为“你期待……”

实践 共情练习

请同学们分析下面这些话，说的人要表达的是什么。然后两两一组练习，通过对话的形式，一人重复下面的话，另一人用共情的方法总结对方的意思。

—我知道自己长相一般，所以没有公司肯要我。

—我不想继续考研，可是家里非要我考。

—现在经济形势这么难，我肯定找不到工作。

—我不喜欢自己的工作，总是重复，可又不知道该做什么？

—老师新任命一个班长，我想不明白，做什么都提不起精神。

—临近毕业一直感到很难适应，日子很空虚。

（4）倾听式总结

倾听式总结就是教师对学生反复提到的信息提炼主题，目的是找出不同事件间的关联，识别和使主题清晰，打断对方的喋喋不休，调整节奏。比如，教师可以说："我听到你几次提到了与众不同，你的成就感很多都来自与众不同……"或者"听起来，友好的人际关系对你很重要，我听到你说你很在意……"

实践　倾听式总结练习

请同学根据下面的语句，感受当自己面对这种情况时会说些什么，尝试说出来并录音，通过回放倾听，练习自己的总结能力。也可以互相分享录音内容，练习提升倾听式总结的能力。

—我真的和我的领导处不来！

—由于一些原因，我必须离开我的公司……我已经在这里工作一年了！

—马上就临近毕业了，我也不知道该怎么办。

—我总感觉自己不行！

—我觉得现在有点麻烦！

3. 精神层面上的技巧

在职业生涯辅导过程中，教师要精神集中，排除自己的思想及杂念。尽量多地理解对方的含义。教师要暂缓判断，不要着急根据听到的部分猜测和判断，一定要等待和思考之后再作答。对学生要无条件地积极关注和尊重。

总之，教师要学会针对不同学生采用倾听技术，如图 9－2 所示。

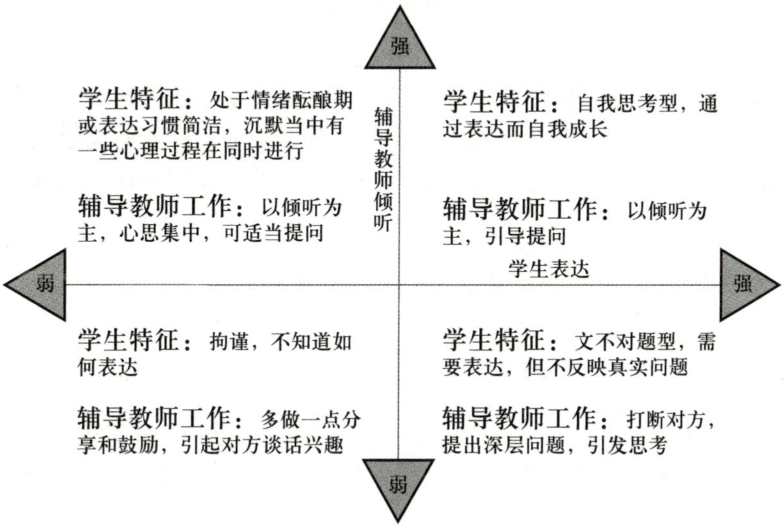

图 9－2　学生特征与教师工作

（二）影响（干预）技术

积极倾听技术主要是从学生的角度或参照框架出发，对学生的信息进行反馈。职业生涯辅导有时候允许教师超越学生的参照框架，以积极的态度参与到会谈之中，从自己的推理结果和直觉角度做出各种施加影响的反应，这就是影响（干预）技术。可以看出，积极倾听技术间接地影响学生，而影响（干预）技术则对学生产生直接的影响。影响（干预）技术的呈现方式有以下四种。

1. 告知

告知就是教师与学生分享客观的、实际的信息。教师可以通过自我坦露的方式分享自己的故事，如果要提出劝告或忠告，则可以是建议性的劝告，而不能是主观的、强求和带有强迫性的。值得注意的是，忠告的给予要谨慎，通常最后给出，并且给予过多会失效。我们应该重视“假如我是你……”这类表达，因为这种口气只是凭教师的感觉，并不是出于学生的真正需要。

2. 反馈

反馈是指教师向学生提供自己（客观角度）或他人（第三者角度）如何看待学生的问题的特殊信息。目的是帮助学生开阔眼界，而不是限制对方，是从客观的角度看问题，降低其情绪的不合理化。

实践　判断以下的反馈是否正确？

—我看你很放松，随着你变得更加自信，你也会变得更加开心。

—你不能和这个团队搞好关系。

—你为什么没想到要早点准备，避免日后这样忙碌呢？

3. 提问

提问是一种与积极倾听配合使用的技术，它能帮助教师和学生补充缺失的信息片段。提问的主要目的是帮助学生更加了解他们身处的境遇，而不是为了满足教师的好奇心。最常用的提问方式有开放式提问和封闭式提问，如表 9－2 所示。

表 9－2　提问方式

	开放式提问	封闭式提问
定义	需要的反应是多于一个词的，学生无法用简单的“是”或“否”来回答	只需用一两个字来回答，或提供一个简单的既定答案，无须说明其内容

续表

	开放式提问	封闭式提问
类型	“什么”的问题 “怎样”的问题 “为什么”的问题	“是不是”的问题 “有没有”的问题 “对不对”的问题
作用	收集信息——由学生自己自由表达，在数据收集阶段非常有益	确认信息——可以限制讨论或排除要点；可以收集信息、澄清事实，帮助教师将学生偏离主要问题的话头牵引回正题上

4. 沉默

包括创造性沉默、自发性沉默、冲突性沉默。创造性沉默是在会谈过程中，学生对自己刚说的话重新回味、反思的一种反应，这时教师可以稍候，等对方传达信息后再继续会谈。自发性沉默是指学生不知道往下该说什么才好，时间越长，学生就会越紧张，这时教师应该立即打破僵局。冲突性沉默可能由强烈的情绪引起，因为对方感受到威胁或伤害，这时教师要以真诚的态度对待学生，引导其讲出沉默背后的情绪。

实践　影响（干预）技术的练习

在下面三种情况下，学生接下来都选择了沉默，尝试分辨哪种情况是创造性沉默，哪种情况是自发性沉默，哪种情况是冲突性沉默。面对自发性沉默和冲突性沉默时，请试着练习引导打破沉默。

—我尝试了许多方法来寻找工作，但都不成功。

—我和老板是特别好的朋友，所以我常常在工作中很直接地提出自己的建议。但是，我发现他有时候并不高兴，弄得我很尴尬和生气。我的亲人劝我别和上司或同事做朋友，让我看着他做错事，我自己心里也过意不去。我觉得那样对不起朋友。

—毕业前的最后一年，课少了，考试也比较好通过，我现在整天无所事事，不知道该干些什么，感到无聊。

二、助人程序

助人是教师的基本技能之一，助人的过程本身就是个性化的过程，无法完全重复，但在任何职业生涯辅导过程中都会有起点、评估、干预和结束。因此，助人程序可以划分为五个阶段：建立关系、评估、目标设定、干预、终止和跟进。学生在阶段之间可来回转换。此外，每个阶段之间是彼此渗透或循环往复的。

视频　助人的基本技巧

（一）建立关系

对职业生涯辅导而言，会谈次数一般不超过五次。建立关系就是通过谈话，围绕职业生涯规划，教师与学生建立的一种陪伴性的工作同盟关系。在这个阶段中，教师需要向学生简要介绍职业生涯辅导的相关理念和过程，讨论学生的职业生涯规划服务需要，并给学生机会进一步描述和讨论自己的规划。

在建立关系阶段，教师首先要告知学生职业生涯辅导程序，并向其保证讨论内容将绝对保密。

（二）评估

助人程序的成功条件之一是识别并恰当叙述问题及学生的辅导需求，这个识别过程就是评估。评估的基础是最大程度地了解并理解学生的资料。因此在评估阶段，除了要进一步涉及学生当前的生活背景、家庭和个人经历等资料外，还要通过谈话对资料进行整合与理解。评估的一项重要功能是理解学生，即理解学生所遇到的问题，设定一个职业规划的目标和计划。评估的另一项重要功能是识别确实需要帮助的学生，这也是有效干预的第一步。对辅导学生的评估可以分为正式评估和非正式评估，正式评估包括各种专业测评，非正式评估则主要以表格和对话的形式了解学生的状况。详细内容参见本章第三节。

（三）目标设定

缺乏对生活目标的结构化思考，是许多面临职业发展问题的学生普遍存在的现象。职业生涯辅导的目标就是帮助学生消除职业发展中的困惑，独立面对职业选择和适应中的种种问题，提升自我满意度，挖掘自我的潜能，积极地获得个人成长和职业发展。目标设定可以指引行动计划并最终促进行动计划的实施。

（四）干预

干预是助人程序的“中心”。可以通过情感的、认知的、行为的、系统的方法进行干预。干预的技巧有以下三种方式。

1. 领悟

领悟是帮助学生认识自身问题来源的过程。通过与学生的交谈及其对自我的分析，学生将职业困惑和自身特点及经历联系起来，从而对问题产生不同的认识。

2. 支持

教师要采取正强化，对学生表现的积极方面加以肯定和表扬，以支持的态度减轻学生的焦虑。但支持并不等于保证。

3. 对质

对质是指向学生，点明其在思想、态度和行为上的矛盾之处，引发学生的思考，揭示其表面行为背后的深层动机。

（五）终止和跟进

教师往往在职业生涯辅导伊始就着手为终止做准备（例如，和学生共同设定访谈的次数等）。到了终止阶段，教师要与学生谈论结束职业生涯辅导的感想以及对未来的打算。同时，指出学生的变化和进步，回顾整个职业生涯辅导过程，总结其职业生涯规划要达成的目标。

学生有时在程序正式结束前的某个时期需要讨论一次以便确认一些事宜，但要注意的是，不要让学生对辅导教师产生情感上的依赖。跟进是为了反馈学生行动情况以确定辅导效果。跟进可以由学生或教师启动。

第三节 职业生涯辅导中的评估过程

评估是一项复杂的、跨学科的技术，是为了系统地收集个体优势、劣势以及与各种需求相关的信息，来诊断学生所需要的咨询服务类型，以帮助学生认清在发展过程中可以通过努力克服的认知和情感障碍，把人格成熟水平和职业满意度提升到期望的层次。对学生的评估可以分为正式评估和非正式评估。其中正式评估包括各种专业测评，非正式评估则主要是以表格和对话的形式对学生的状况加以了解。

一、正式评估

正式评估，又称测评，是基于统计技术，用标准化的程序对人群施测。有明确的实施、计分、解释规则，结构性较强。

视频 正式评估

（一）正式评估的目的

目前，正式评估在国际上已经得到越来越多的认可，因为它可以更加深入和客观地了解个人。在职业生涯辅导中，评估工具的使用可以看作提供支持的一种手段，可以用来了解自我，进行职业探索、职业决策，建立发展的目标，进行职业调整。

正式评估可以很客观地了解一个人，但并不能够提供非常完整的描述。金树人把正式评估和人的关系比喻成地图和地方的关系，这个形象的比喻指出了正式评估的价值和局限。

（二）正式评估的工具

正式评估的工具主要有以下四种类型。

1. 兴趣测量

兴趣测量是帮助回答“我到底想要干什么?”“我来到这里到底是为什么?”这类问题。兴趣测量可以帮助学生找到自己真正的职业偏好。

《霍兰德职业偏好量表》由职业类型测评和职业分类表两部分组成，从人格类型、职业兴趣、工作环境偏好、职业选择与适应性四个方面进行测评，帮助个体系统化地探索职业兴趣与方向，核心价值在于将抽象的兴趣倾向转化为具体的职业选择，为职业规划提供科学依据。

《斯特朗职业兴趣量表》经常被用于帮助个体制订教育和职业计划。它对个体在不同职业领域的兴趣程度进行测量，并且与该领域从业人员的兴趣值进行比较。

2. 价值观测量

对价值观的测量主要有职业锚和《工作价值观量表》两种。前者在前文已做介绍，此处不再赘述，重点介绍后者。

1970 年，舒伯开发了《工作价值观量表》，包括 15 项与个人工作有关的价值观：利他助人、美的追求、创造性、智力刺激、成就感、独立性、社会地位、管理、经济报酬、安全感、工作环境、上司关系、同事关系、生活方式和变异性。它的主要用途在于：一是协助个体澄清混淆、冲突或已经知晓的部分；二是扩大探索未知而未被测量的部分。

3. 人格测量

人格测量主要是测量性格特征，将学生的性格特征和具有不同教育和职业背景的人进行比较，有些人格测量能够对学生的情绪问题和精神状态进行诊断。

（1）迈尔斯-布里格斯人格类型指标

MBTI 是目前应用最广泛的人格测量，它将人格分为四个维度，每个维度有两种偏好。

① 心理能量的释放方向：内向型（I）—外向型（E）

② 信息收集方式：直觉型（N）—感觉型（S）

③ 决策方式：情感型（F）—思考型（T）

④ 行动方式（生活方式）：感知型（P）—判断型（J）

MBTI 帮助人们了解他们的优势在哪里，做哪一类型的工作更得心应手，不同偏好的人们是怎样相处的。

（2）朗图职业规划测评系统

北森测评公司的朗图职业规划测评系统实现了动力理论与人格理论的有效整合，其中动力理论借助了“大五”人格理论、情感理论等国际测评理论；人格理论以心理学家荣格的心理类型理论为基础。通过这套测评工具，个体可以对自己的性格类型、动力特点有更深入的理解，从而加深对适合自己的岗位特质、工作特质的理解，认识到更多的可能性，拓宽自己的思路，更清晰地规划自己的职业生涯。

4. 技能测量

技能是一项特殊的专长，或是个体所具有的获得这项专长的能力。目前使用比较广泛的是《EUREKA 技能问卷工作表》，分为：自我管理、情境技能、处理细节技能、动作技能、操作技能、数学技能、沟通技能、概念技能、判断技能、推理技能、人际交往技能和领导技能，共 12 个方面的 72 种技能。

通过以上介绍可以看出，兴趣测量可以用于判断个人的工作表现，也可以用于决定是否需要接受学习和训练。价值观测量能在个体面对职业选择时起到很好的澄清作用。人格测量用来指出个人的职业兴趣与哪类职业的从业人员的兴趣最为相近。技能测量用来比较“我需要的”和“职业需要的”之间的关系。

（三）正式评估的实施

当学生无法正确认清自己，或者当学生清楚自己但想得到证实，抑或当学生的评价与教师的观察有矛盾的时候，都可以采用正式评估。

教师必须保证不会超出自己的评估使用权限。对于必须接受培训才能解释的评估，如果没有接受培训，则可以参考报告结果，但不能解释报告。在对评估工具的选择和应用中，通常遵循以下步骤：

（1）确定是否可以使用评估工具、使用什么评估工具。

（2）选择合适的评估工具。

（3）向学生介绍测评的价值和作用。

（4）施测。

（5）全面分析评估结果。

（6）提供书面报告。

（7）向学生解释评估结果。

（8）利用评估结果并结合其他信息帮助学生探索职业、教育和个人的选择。

（9）提供适合学生个人的行动计划和干预策略。

（四）评估时的注意事项

在对一项评估技术进行选择的时候，教师必须考虑一些基本准则，如常模、信度、效度等。

1. 常模

常模是指有一定代表性的比较标准。在评估过程中，可以为来询者提供常模。例如以小学生为常模参照的评估不一定适用于成年人，对美国人适用的评估不一定适用于中国人。

2. 信度

信度是指评估的稳定性和一致性。它能够通过重测信度、复本信度、内部一致性信度、评分者一致性信度等方法测量。

3. 效度

效度是指评估的准确性和有效性。它包括三种形式：构想效度、内容效度、效标关联效度。

二、非正式评估

视频 非正式评估

非正式评估是在自然情况下，从学生个人资料中归纳经验、进行分析、寻找主题。它没有统一的答案，要求教师依据自己的经验和职业技能来对结果和资料进行分析和解释。非正式评估多采用访谈、分类卡、想象引导和传记资料等方法进行。

（一）访谈

访谈通常作为整合技术来使用，整个职业生涯辅导的过程就是一个“访谈+干预”的过程。访谈可以收集所需要的资料（学生的兴趣、性格、能力、价值观），当面澄清问题以提高资料的准确性，观察学生的反应以帮助其解释资料的意义。下面以兴趣测量为例，说明访谈的四个步骤。

1. 辨认

请学生从休闲、教育和工作中辨认出一些令人愉快的活动。想象它们在哪些特定的情况下令人愉快，对于这个活动是否还存在一些消极经验。例如，教师可以询问：“你一般会怎么度过自己的业余时间？”或者询问“在工作或休闲活动中，哪些事情你做起来最愉快？”

2. 描述

让学生详细描述积极和消极的经验，要考虑事件、有关的人、感受、想法、挑战、动力、成就、结果等。例如，教师可以这样问：“能否具体描述一下当时的情景？”“请讲一讲你最近一次从事这个活动的状况。那种高兴的状态是怎样的呢？”

3. 分析

让学生分析数据之间的关系、数据与自身的关系、数据与职业的关系，对学生而言，这些信息说明了什么。要考虑学生的价值观、技能、个人风格和目标，思考如何将这些信息合并在一起勾勒出学生的独特模式。例如，教师可以说：“现在以你的观察来看，这些兴趣有什么共同点？”“似乎那些新奇的、有创造性的东西能让你很兴奋，是这样吗？”

4. 应用

将这些模式应用到学生当前的生活或工作情景中，并引导其反思。例如，教师可以询问：“你在自己的工作中也是如此吗？这样一种特点在你的工作和生活里是怎样表现的呢?”“如果你将兴趣点放在与他人的互动中，这对你的工作有什么影响?”

访谈四步法经常作为一种整合技术来使用。通过面谈，教师可以综合信息并根据自己的看法和理解对学生形成整体的看法。这种技术需要使用者有很强的专业能力和面谈技巧。我们可以通过访谈学生的兴趣进行演练，练习如何运用访谈技术进行非正式评估。例如，3 人一组，分别扮演学生、教师、观察者，最好是找不熟悉的人组成小组。其中，观察者的任务是观察学生的反应、教师是如何做咨询的（包括语气、姿势、问话、表情），观察者记录教师通过什么样的方式有效地找出学生的兴趣。每组分享 8 分钟，3 分钟反馈。在反馈讨论时，发言的顺序是学生、教师、观察者。

（二）分类卡

分类卡是一种类似纸牌的、有趣的彩色卡片游戏，通过学生对卡片分类能够鉴别个体的职业价值观和职业技能，帮助学生进行职业决策。

1. 通过分类卡评估职业价值观

价值观决定着职业值不值得的问题，如果价值观与职业匹配，个体就会觉得职业是值得的，愿意付出；反之就会觉得很困惑、茫然和无力。分类卡游戏可以帮助学生将他们的价值观排序。分类卡有 61 张卡片，其中，56 张是关于价值观的，5 张是关于维度的。首先，学生把 5 个维度名称（非常重视、比较重视、重视、很少重视、不重视）的卡片从左到右排放；其次，学生根据自己的意愿，将 56 张价值观卡片放到各个维度中。最后，教师通过访谈四步法进行职业价值观分类卡分析。可以进行如下访谈：

（1）辨认——卡片的分类。

（2）描述——区分优先次序，为什么选这几个？看到自己清晰的价值观呈现，有什么感受?

（3）分析——这些价值观之间有什么联系？它们与工作、专业、期待的关系，是支持、否定还是刚好匹配？看到这样的关系，你有什么感受?

（4）应用——现在如何看待你的期待和目标？有没有哪个改变可以带动其他改变？你对自己有什么新的认识？对选择有什么发现?

2. 通过分类卡评估职业技能

技能是完成某个任务的能力，分为可迁移技能（通用技能）、自我管理技能和专业知识技能。教师可以通过分类卡对学生的职业技能进行评估，学生手中有 56 张卡片，其中，48 张是关于技能的，8 张是用来分类和表示维度的。每一张卡片都是根据两个维度来定位的：一个维度是你在多大程度上愿意使用某种技能，另一个维度是你使用这种技能的熟练水平。如图 9-3 所示。

左上边的虚线框表示可以胜任并且愿意使用。代表高兴趣、高能力，即学生的核心技能区域。

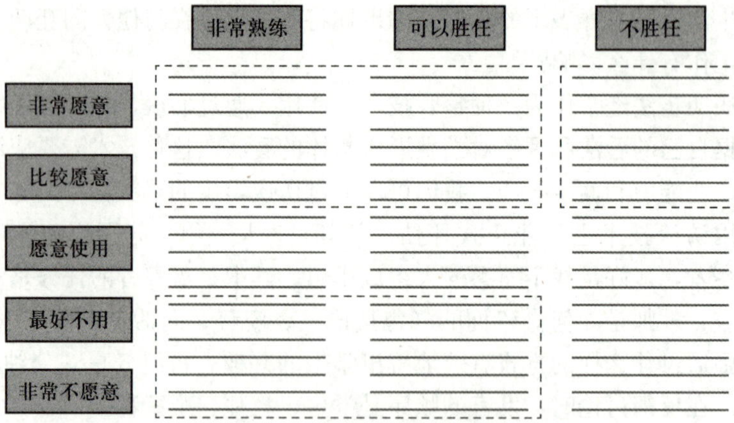

图 9-3 通过分类卡评估职业技能

右上边的虚线框表示不胜任但愿意使用。代表高兴趣、低能力，属于潜力区、待提升的区域。

左下边的虚线框表示可以胜任却不愿意使用。代表低兴趣、高能力，属于待抛弃的区域，这部分能力是职业发展的“降落伞”或者退路。

教师通过访谈四步法进行职业技能分类卡分析时，可以进行如下访谈：

（1）辨认——卡片的分类。

（2）描述——看到自己清晰的技能呈现，有什么感受？（重点描述上图虚线框区域的技能）

（3）分析——在上图中，哪些技能可以提高以符合未来工作的需要？遇到了什么困难，怎样解决？如何处理非常熟练却不愿使用的技能？

（4）应用——为了使工作做得更好，哪些技能需要重点强化？哪些技能需要弱化？你最想做的工作是什么？和技能的关系是什么？如果让理想工作变为现实，你还需要做些什么？通过这个活动，你的感受是什么？有什么新的认识和计划？

（三）想象引导

想象引导可以用来了解学生的职业理想、兴趣、目标和发展方向。可以让学生跳出现实情况，充分放松、关注自己的内心。教师要注重学生的反馈和感受。兴趣岛活动、生涯幻游、10 种职业/人生等游戏可以作为想象引导的方式。

实践 想象引导练习

● 兴趣岛活动——请想象一下，如果你去一个地方度过一个无限长的假期，你希望去一个什么地方？和什么样的人在一起？每天你都做什么事情？

如果其中只做一件事情，你希望做什么？你愿意做多长时间？

● 生涯幻游——请你描述未来5年、10年，或者当你40岁时工作的一天？

● 10种职业/人生——不用考虑现实的可能性，放下你现在所有的角色，让你的思绪离开现在，飞出教室，思维无限发散，可以从历史到现实再到未来，古今中外，小说文学、电视历史人物或现代商业名人，写下10种职业/人生。完成后写出每种职业/人生吸引你的原因。

案例解读：以10种职业/人生为例，教师要访谈学生“10种职业/人生可否分类？”“具有哪些共同点？找出关键词和共性。”“说明什么？”“在现实世界中寻找具有这些特征的职业。”

教师通过访谈四步法进行想象引导分析。可以如下进行访谈：

（1）辨别——想象的人物都有哪些？

（2）描述——看到这些人物以后有什么感受？对想象的原因进行描述。

（3）分析——分析想象与现实的联系、与工作的关系。

（4）应用——你为什么会想到这些形象或场景？他们之间有什么关系吗？你现在的工作和期望有什么关系？你对自己有什么新的认识？这些想象对你的未来会产生什么影响吗？

（四）传记资料

非正式评估可以通过让学生填写专门的传记表格来帮助辅导教师收集相关的信息资料。传记表格应包括有关个体教育、工作经历的信息（曾经就读的学校、接受过的培训、共事过的领导的类型、做过的职位、工作职责、薪水、跳槽的原因等）；闲暇时的活动；健康资料、婚姻状况及家庭资料等。传记资料还包括自传（生命线）、生涯彩虹图、成就故事、角色饼图等。

教师对传记资料的分析可以结合访谈四步法和表格来进行，目的是对学生的过去和现在所获得的成就进行细致分析。这往往能够收集到非常有价值的资料，帮助辅导教师评价学生的技能、潜力、价值观等。教师对学生的自传进行分析时，应注意关注与职业有关的内容。

案例讲解 成就故事

三、正式评估与非正式评估的区别

非正式评估中，在搜集信息与意义建构方面，学生更能发挥积极的作用；教师可以从更加整合和全面的角度看待学生；从发展的角度来看，非正式评估更强调学生对于自我的研究和探索；更能促进教师与学生的合作关系。而且由于非正式评估需要团队完成，其在团体的氛围下会更有效，因为这种氛围有助于促进学生的学习与成长。因此，可以看出非正式评估更加灵活和具有适应性，对来自不同文化背景的学生更有价值。其不足之处在于信度和效度较低，而且缺乏科学的严谨性，费时、费力。同时，对教师的水平要求比较高。

可以通过表 9－3 来清晰地了解正式评估与非正式评估的区别。

表 9－3 正式评估与非正式评估的区别

正式评估	非正式评估
更客观	更主观
图形与分数	故事与价值
时间短	时间长
大多数需要专业人员的解释	需要咨访双方深入思考、分析
提供正式测评报告	无正式测评报告
信度、效度等标准化	信度、效度等非标准化，需谨慎得出结论

理解·反思·探究

1. 职业生涯辅导的相关理论有哪些？
2. 怎样应用职业生涯辅导中的评估过程？
3. 职业生涯辅导过程中的沟通技巧和助人程序应如何操作？
4. 如何正确使用正式评估与非正式评估？
5. 结合自身实际情况，探讨个人职业生涯辅导的实效性。

生涯启航

2024年11月发布的《中共中央办公厅　国务院办公厅关于加快构建普通高等学校毕业生高质量就业服务体系的意见》，提出坚持以习近平新时代中国特色社会主义思想为指导，深入贯彻党的二十大和二十届二中、三中全会精神，实施就业优先战略，把高校毕业生就业作为重中之重，提出经过3至5年持续努力，基本建立覆盖全员、功能完备、保障有力的服务体系，为促进高校毕业生高质量充分就业提供坚实保障。其中对新时代职业生涯辅导提出了新的要求。例如，完善课程与专业建设，强调育人融合，把就业教育作为全员全过程全方位育人的重要内容，与思想政治教育、专业教育深度融合。例如，关注个体需求与社会需求相结合，以产业端人才需求和就业端评价反馈为指引，优化培养供给、就业指导等服务。例如，加强实践与体验，职业生涯辅导应鼓励学生积极参与实习、见习等实践活动，通过亲身体验了解不同职业的工作内容和要求，明确自己的职业偏好和发展方向，积累实践经验，提高就业竞争力。例如，利用数字化手段，职业生涯辅导可借助数字化平台和技术，为学生提供个性化的职业测评、职业信息查询、求职技巧培训等服务，提高职业生涯辅导的效率和精准度。

主要参考文献

［1］鲍利斯. 你的降落伞是什么颜色［M］. 刘宁，译. 北京：中信出版社，2010.

［2］边慧敏. 大学生职业生涯规划［M］. 成都：西南财经大学出版社，2007.

［3］曹晔，刘宏杰. 现代职业教育体系内涵及需处理好的重要关系［J］. 职业技术教育，2014，35（1）：5－9.

［4］陈敏. 大学生职业生涯发展与管理［M］. 上海：复旦大学出版社，2008.

［5］程社明. 你的船 你的海：职业生涯规划［M］. 修订本. 北京：企业管理出版社，2023.

［6］丁洪涛. 教师的职业内涵与专业发展引论［M］. 北京：中国轻工业出版社，2011.

［7］范蓓，刘铮. 职业生涯规划与体验［M］. 北京：清华大学出版社，2012.

［8］方伟. 大学生职业生涯规划咨询案例教程［M］. 2 版. 北京：北京大学出版社，2015.

［9］高桂娟. 对大学生职业生涯规划的分析与思考［J］. 中国高等教育，2007（7）：47－48.

［10］胡树祥，吴满意，等. 大学生社会实践教育理论与方法［M］. 北京：人民出版社，2010.

［11］景宏华，魏江南，魏凌云. 澳大利亚职业生涯教育的蝴蝶模型及启示［J］. 外国教育研究，2013，40（3）：11－18.

［12］李子勋. 心灵飞舞：李子勋谈心理健康［M］. 北京：中国广播电视出版社，2006.

［13］刘亮. 浅析中职学生职业生涯规划教育［J］. 教育教学论坛，2013（1）：207－208.

［14］刘怡娟. 职业生涯规划：从职场走向成功的第一步［M］. 北京：中国人民大学出版社，2013.

［15］罗洪铁. 大学生成才理论与实践［M］. 北京：人民出版社，2010.

［16］洛克. 把握你的职业发展方向［M］. 钟谷兰，等译. 北京：中国轻工业出版社，2006.

[17] 迈尔斯 I B，迈尔斯 P. 天资差异 [M]. 张荣建，译. 重庆：重庆出版社，2008.

[18] 施恩. 职业锚：发现你的真正价值 [M]. 北森测评网，译. 北京：中国财政经济出版社，2004.

[19] 石建勋. 职业生涯规划与管理 [M]. 3 版. 北京：清华大学出版社，2022.

[20] 孙德威. 劳动就业政策的国际比较研究 [M]. 北京：经济科学出版社，2008.

[21] 陶羽. 大力发展职业教育的思考 [J]. 江苏经贸职业技术学院学报，2009 (5)：77 - 79.

[22] 王丽，朱宝忠. 大学生职业生涯规划训练手册 [M]. 北京：北京理工大学出版社，2014.

[23] 王晓斌，姜丽华. 大学生职业生涯规划与就业指导 [M]. 长春：东北师范大学出版社，2009.

[24] 王移山，李瑞昌. 高职毕业生就业指导 [M]. 北京：科学出版社，2007.

[25] 许湘岳，吴强. 自我管理教程 [M]. 北京：人民出版社，2011.

[26] 徐艳丽，张建军. 大学生就业市场的类别、特点及培育 [J]. 高等农业教育，2005 (2)：81 - 83.

[27] 徐云. 国内外职业生涯规划教育的比较和启示 [J]. 文理导航（中旬），2011 (11)：90.

[28] 徐泽西. “蝴蝶效应”和“混沌理论” [J]. 百科知识，2009 (12)：19.

[29] 杨一波. 战胜职场：大学生就业指导 [M]. 北京：清华大学出版社，2007.

[30] 都布林. 职业心理学：第 7 版 [M]. 姚翔，陆昌勤等译. 北京：中国轻工业出版社，2008.

[31] 袁乐，周炜炜，戴敏秀. 国内外职业生涯规划教育比较研究 [J]. 世纪桥，2007 (8)：107 - 108，110.

[32] 岳晓东. 登天的感觉：我在哈佛大学做心理咨询 [M]. 北京：民主与建设出版社，2018.

[33] 张斌. 职业理想：大学生职业生涯规划的导向标 [J]. 中国成人教育，2008 (16)：75 - 76.

[34] 张渤，宁焰. 职业生涯与发展规划 [M]. 西安：西北工业大学出版社，2010.

[35] 周满玲，张进辅，曾维希. 职业发展的混沌理论 [J]. 心理科学进展，2006，14 (5)：737 - 742.

读者意见反馈

为收集对教材的意见建议，进一步完善教材编写并做好服务工作，读者可将对本教材的意见建议通过如下渠道反馈至我社。

咨询电话　400-810-0598

反馈邮箱　gjdzfwb@pub.hep.cn

通信地址　北京市朝阳区惠新东街4号富盛大厦1座

高等教育出版社总编辑办公室

邮政编码　100029